Lorenz | Lépine · Pierre Bou

Dank an Matthias Burghardt und Christoph Mautz für Ihre kritischen Anregungen.

Bibliografische Information der Deutschen Nationalbibliothek

Die Deutsche Nationalbibliothek verzeichnet diese Publikation in der Deutschen Nationalbibliografie; detaillierte bibliografische Daten sind im Internet über http://dnb.d-nb.de abrufbar.

Alle Rechte, auch die des auszugsweisen Nachdrucks, der fotomechanischen Wiedergabe und der Übersetzung, vorbehalten. Dies betrifft auch die Vervielfältigung und Übertragung einzelner Textabschnitte, Zeichnungen oder Bilder durch alle Verfahren wie Speicherung und Übertragung auf Papier, Transparente, Filme, Bänder, Platten und andere Medien, soweit es nicht §§ 53 und 54 UrhG ausdrücklich gestatten.

© 2014 Wilhelm Fink, Paderborn
(Wilhelm Fink GmbH & Co. Verlags-KG, Jühenplatz 1, D-33098 Paderborn)

Internet: www.fink.de

Einbandgestaltung: Ansgar Lorenz
Printed in Germany
Herstellung: Ferdinand Schöningh GmbH & Co. KG, Paderborn

ISBN 978-3-7705-5768-4

Zeichnung: Ansgar Lorenz | Text: René Lépine

Pierre Bourdieu
Philosophie für Einsteiger

> Die Soziologie wäre keine Stunde der Mühe wert, sollte sie bloß ein Wissen von Experten für Experten sein.

WILHELM FINK

Soziologie als Waffe der Kritik

Pierre Bourdieu gehört zu den bedeutendsten Soziologen der Nachkriegszeit, was nicht allein an dem ungewöhnlich hohen Medienecho abzulesen ist, das sein Tod 2002 hervorrief. Schon zu Lebzeiten hatte sich Bourdieu eine Position als Moderner Klassiker der Soziologie erarbeitet und niemand, der heute Soziologie studiert, kommt an ihm vorbei. Zudem war er stets bereit, als Wissenschaftler in sozialpolitische Debatten einzugreifen, was ihm nicht immer gedankt wurde.

Besonders eindrucksvoll ist die Vielfalt der Themen Bourdieus: Von der philosophischen Auseinandersetzung mit der Zeit hin zum Tausch in traditionalen Gesellschaften; von der Reproduktion sozialer Ungleichheit im Bildungssystem bis zum unterschiedlichen Umgang mit Kunst und Kultur innerhalb sozialer Klassen; von Machtverhältnissen zwischen den Geschlechtern hin zur Analyse von prekären Missständen und zur Kritik des Neoliberalismus. Doch im Gegensatz zu anderen Intellektuellen wie Adorno, Habermas oder Sartre, die das Denken ebenfalls als Waffe gegen soziale Missstände wendeten, war Bourdieu auch als Empiriker fit genug, um sich sozialen Themen vielseitig annähern zu können und sich einer „Elfenbeinturmperspektive" zu entziehen. Seine *praxeologische* Sichtweise versuchte stets, reflexiv auf den Graben aufmerksam zu machen, der das philosophische Denken vom Alltag des „kleinen Mannes" trennt.

Bourdieus Einfluss reicht heute in die Kunstgeschichte, in die Sprach- und die Geschichtswissenschaft hinein. Sein Weg von der Philosophie über die Ethnologie hin zur Soziologie spiegelt sich wider in seinen Stationen in den französischen Lehranstalten über seine Feldstudien in Algerien hin zu seinem Durchbruch als Soziologe, der spätestens mit dem Werk *Die feinen Unterschiede* 1979 vollzogen war.

Die Geburt eines Störenfrieds

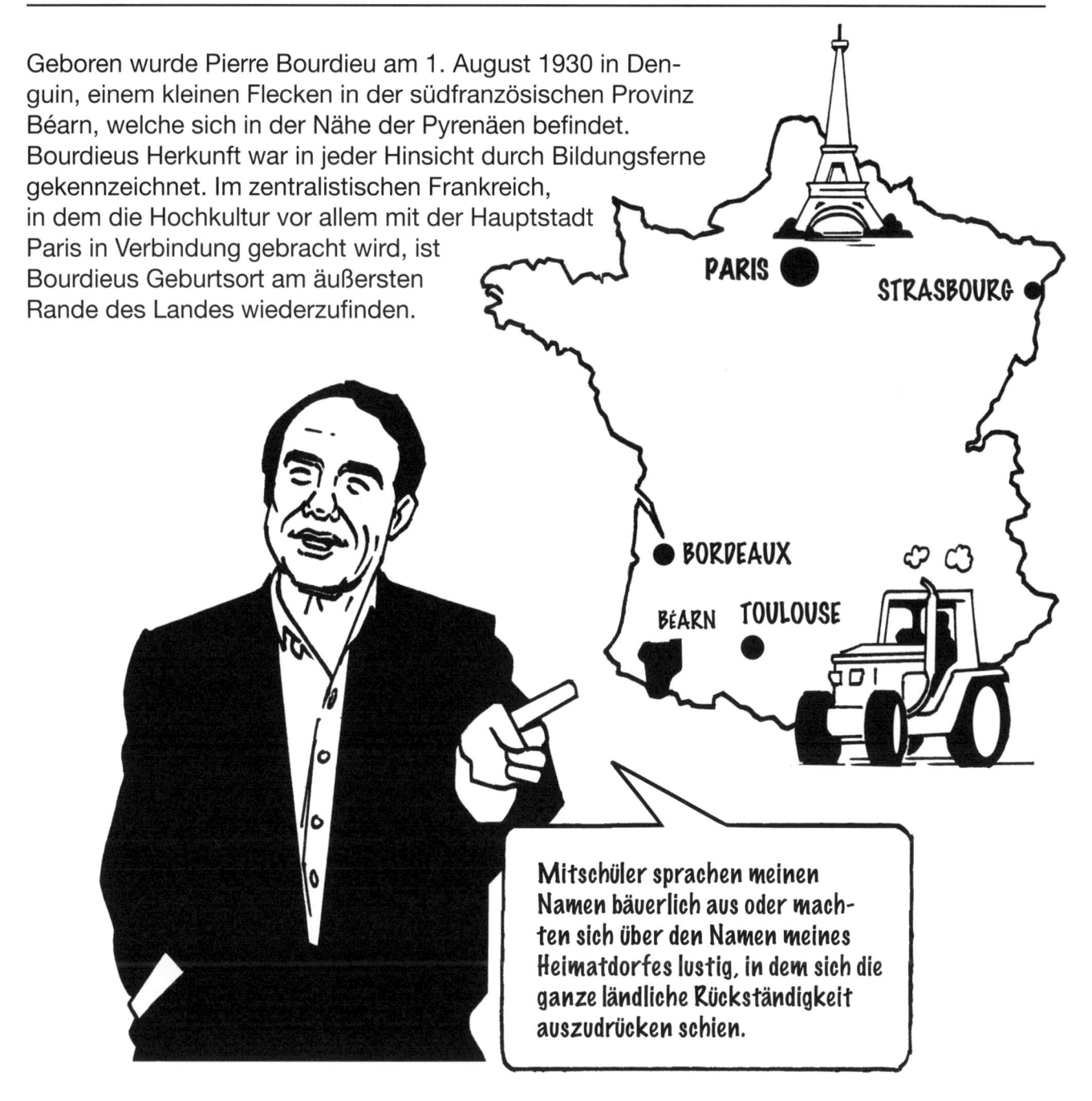

Geboren wurde Pierre Bourdieu am 1. August 1930 in Denguin, einem kleinen Flecken in der südfranzösischen Provinz Béarn, welche sich in der Nähe der Pyrenäen befindet. Bourdieus Herkunft war in jeder Hinsicht durch Bildungsferne gekennzeichnet. Im zentralistischen Frankreich, in dem die Hochkultur vor allem mit der Hauptstadt Paris in Verbindung gebracht wird, ist Bourdieus Geburtsort am äußersten Rande des Landes wiederzufinden.

> Mitschüler sprachen meinen Namen bäuerlich aus oder machten sich über den Namen meines Heimatdorfes lustig, in dem sich die ganze ländliche Rückständigkeit auszudrücken schien.

Der Geburtsort selbst war in Bourdieus Kindheit und Jugend noch stark von einem traditionellen bäuerlichen Rhythmus geprägt, dessen Verfall durch Prozesse der Modernisierung Bourdieu später in seinem Buch *Junggesellenball* genauer behandeln wird. Auch seine eigenen Vorfahren waren bis zur Generation seiner Eltern Bauern, sein Vater, der Sohn eines Halbpächters, erhält schließlich einen Job als Postbeamter.

Schon früh fällt der junge Bourdieu den Lehrern seiner Schule als überdurchschnittlich guter und interessierter Spross auf, wobei er als solcher und als Sohn eines Beamten bald das Gefühl entwickelt, innerhalb seiner sozialen Welt nicht mehr wirklich dazuzugehören. Später spricht er von einem tieferen Schuldgefühl gegenüber den Traditionen bäuerlichen Lebens. Als er auf ein Internat geschickt wird, verschärft sich das Gefühl der Entwurzelung noch weiter innerhalb einer Institution, in welcher er nach eigener Aussage das Gefühl ständiger Kämpfe um Opportunismus, Denunziantentum und Verrat im Alltag dauerhaft erfährt.

Der Philosoph Bourdieu

Viele Intellektuelle stellen die Welt infrage, aber nur wenige stellen die intellektuelle Welt infrage ...

Vorerst scheint Bourdieu unbekümmert einer ausgezeichneten Akademikerkarriere entgegen schauen zu dürfen. Bis 1954 studiert er in Paris Philosophie an der *Faculté des Lettres* sowie an der Elitehochschule *École Normale Supérieure*, wo er auch auf Michel Foucault trifft, mit dem ihn später noch ein intellektuell-politisches Engagement verbinden wird.

1955, nur kurz nachdem Bourdieu als Philosophielehrer am *Lycée de Moulins* zu arbeiten begonnen hatte, kommt es zu einem Bruch in seiner bisher steilen Philosophenlaufbahn. Bourdieus Einberufung zum Militär und eine von ihm deutlich formulierte Kritik an dem Rassismus der Kolonialpolitik Frankreichs führen dazu, dass er bestraft und als Soldat nach Algerien verfrachtet wird. Er landet in einer Truppe, in der man all diejenigen zusammenwürfelte, die man sonst nirgends wollte, wie Bourdieu später berichtet: „Alles nette Kerle, meist Analphabeten, ja es war als hätte man in dieses Bataillon alle Analphabeten und alle Querulanten aus Westfrankreich gesteckt".

Mit dieser Truppe, die ihm stets vorwarf, seine „Spinnereien" würden ihnen noch allen den Kopf kosten, betritt Bourdieu das vom Kriege völlig auseinanderbrechende Algerien und bemerkt, dass ihm inmitten der Armut und der Gewalt bald Zweifel kommen, inwiefern seine akademisch-philosophische Ausbildung noch ihre moralische Rechtfertigung findet.

Algerien im Krieg

Bourdieus Ankunft in Algerien fällt ungefähr in den Zeitrahmen, in welchem die *FLN* (*Front de Libération Nationale*) gegründet wird und auf algerischem Boden in den bewaffneten Kampf gegen die französische Kolonialregierung tritt. Zu Beginn des achtjährigen Krieges um die Unabhängigkeit des Landes werden Polizeistationen angegriffen, öffentliche Gebäude, Militär- und Polizeiposten zu Zielen von Anschlägen erwählt, im Gaswerk und im Petroleumdepot kommt es zu Explosionen. Während des auswachsenden Widerstandes, den die Unabhängigkeitsbewegung im Rahmen der UNO auch diplomatisch vorantreibt, wobei vor allem auf die arabischen Staaten gesetzt wird, wird von französischer Seite mit massiver Gewalt reagiert.

Als die Kämpfe 1956 auch die Städte erreichen, wird der Aufstand der muslimischen Bevölkerung mit Waffengewalt und Foltermethoden gebrochen. Ortschaften, die im Verdacht stehen, mit den Rebellen zu kooperieren, unterliegen kollektiven Strafaktionen, große Teile der Bevölkerung werden in militärisch kontrollierte Lager zwangsumgesiedelt.
Diese Lager, meist rein militärischen Organisationsprinzipien unterworfen, sind geprägt von einer Aneinanderreihung nahezu identischer Wohnblocks. Zwangsumsiedlung und Architektur werden von Bourdieu als Formen systematischer Disziplinierung und Entwurzelung aus dem traditionellen Leben der bäuerlichen Bevölkerung gedeutet. Im Jahr 1960 sind etwa ein Viertel der algerischen Gesamtbevölkerung (über 2.000.000 Menschen) von den Umsiedlungen betroffen. Bourdieu resümiert: „Diese Bevölkerungsverschiebung gehört zu den brutalsten der Geschichte."

Agitation und Schuldbewusstsein

Bourdieu selbst landet in den Kriegswirren im Zuge der militärisch[en] Aufstockung 1956. Es befinden sich etwa 450.000 französisc[he] Soldaten auf algerischem Boden. Bourdieu, der sich weigert[,] Prüfungen für die Reserveoffizierslaufbahn teilzunehmen, w[ird] zum Militärdienst für zwei Jahre in das vom Krieg zerrisse[ne] Land geschickt.

Schon auf der Fahrt mit dem Schiff versucht Bourdieu a[uf] seine Gruppe Einfluss auszuüben, benennt die Politik Fran[k]reichs offen als rassistisch, ohne jedoch bei seinen Kam[e]raden auf besonders viel Gehör zu stoßen. Er erinnert si[ch:] „Schon bevor sie nur einen Fuß auf algerischen Boden gese[tzt] hatten, hatten sie von den ausbildenden Unteroffizieren d[as] ganze Vokabular des alltäglichen Rassismus und die e[nt]sprechende Weltsicht übernommen."

Jedoch versteht sich Bourdieu mit den Mitgliedern s[ei]ner Truppe, die, zu diesem Zeitpunkt von Berichten a[us] Vietnam verunsichert, mit ihm fahren. Einigen Analph[a]beten hilft er beim Verfassen von Liebesbriefen an ih[re] Freundinnen.

Gegen Ende des Wehrdienstes erhält Bourdieu in der Heeresabteilung der Generalverwaltung eine Arbeit als Schreibkraft. Ein Oberst aus dem Béarn, dessen Familie mit Bourdieus Eltern bekannt war, hatte sich für ihn eingesetzt. Da die dortige Arbeit ihm nicht allzuviel Zeit und Mühe abverlangte, sah Bourdieu sich in der Lage, sich näher mit der algerischen Gesellschaft zu beschäftigen. Getrieben von einer Wut auf die Politik der französischen Kolonialregierung und auch um das Gefühl eigener Ohnmacht inmitten des Krieges abzumildern, macht er sich an die Arbeit.

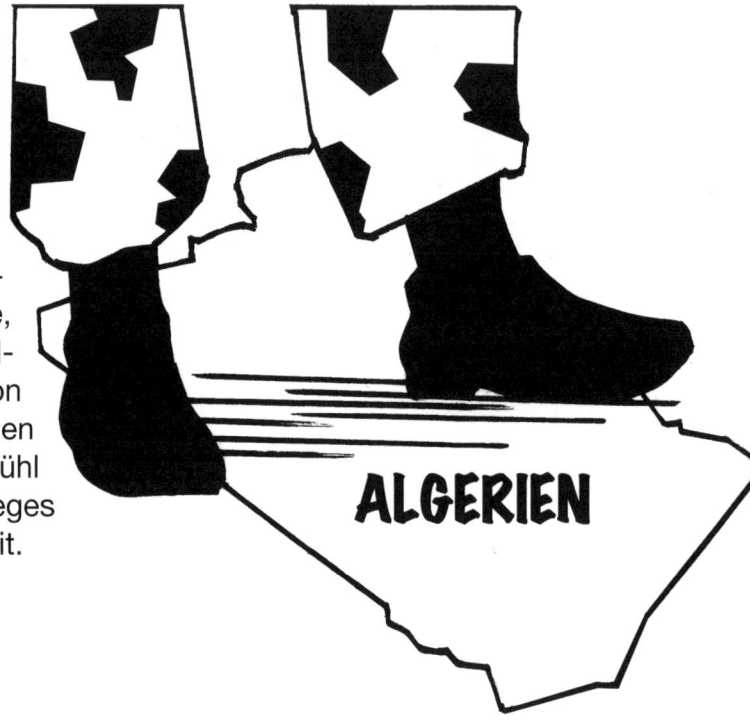

Agitation und Schuldbewusstsein

Bourdieus erste Texte stellen neben ihrem ethnologischen und soziologischen Gehalt auch eine Kritik dar, die sich u.a. gegen die Haltung der französischen Linken in Bezug auf den Krieg wendet. Diese ist laut Bourdieu von einer Art Ignoranz geprägt, einer Verherrlichung, die aus der Ferne die algerische Bevölkerung zu einer homogenen, idealisierten Gruppe des Widerstandes stilisiert, stark geprägt von neomarxistischer Theorie und philosophischem Revolutionsvokabular. Allem voran richtet sich Bourdieus Kritik hier gegen Jean-Paul Sartre und dem in Algerien tätigen intellektuellen Freiheitskämpfer Frantz Fanon, die beide in der am meisten benachteiligten Bevölkerung, dem Subproletariat, eine revolutionäre Kraft zu erkennen meinen. Bourdieus Feldforschung konfrontiert ihn statt dessen mit einer demoralisierten, entwurzelten, oftmals apathischen Bevölkerung, deren Not und Elend jegliche nähere Reflexion in Bezug auf die politischen und ökonomischen Strukturen verunmöglicht.

> Ich wollte angesichts der dramatischen Situation in Algerien etwas tun, wollte mich nützlich machen und entschloss mich deshalb, eine Untersuchung über die algerische Gesellschaft in Angriff zu nehmen, um den Menschen zuhause ein wenig besser verständlich zu machen, was in diesem Land geschah.

Exkurs: Jean-Paul Sartre (1905-1980)

Sartre, neben seiner Lebensgefährtin Simone de Beauvoir und Albert Camus einer der Protagonisten des französischen Existenzialismus, war sowohl Verfasser von Romanen und Theaterstücken als auch Philosoph, Journalist und politischer Aktivist. Sartre als den „totalen Intellektuellen" bezeichnend kritisierte Bourdieu dessen Subjekt- und Bewusstseinsphilosophie, die laut Bourdieu aus Akteuren nahezu „freischwebende" Individuen mache, ohne diese empirisch zu verorten. Aufgrund der fehlenden Bereitschaft, die eigene Position als Intellektueller im zialraum zu reflektieren, konnte Sartre laut Bourdieu auch zu einer vollkommen a-soziologischen Verherrlichung der unteren Klassen gelangen. Die Vorstellung des (scheinbar) „absolut freien" Intellektuellen wird hier in erstaunlich naiver Weise verallgemeinert.

Exkurs: Der französische Strukturalismus

> Soziales Leben ist ein Austausch von Zeichen und das Lesen von Symbolen, Sprache im weitesten Sinn.

Um Bourdieus Denken zu verstehen, kommt man nicht umhin, auf die „strukturalistische Revolution" in den 1950er Jahren einzugehen, die von dem Anthropologen Claude Lévi-Strauss ausging. Niemand, der zu dieser Zeit in der französischen Wissenschaft einen Namen hatte, ob Ethnologe, Philosoph oder gar Mathematiker, blieb davon verschont, sich gegenüber Lévi-Strauss positionieren zu müssen. Lévi-Strauss unternahm den Versuch, Ansätze der modernen Sprachwissenschaft in die Anthropologie (Wissenschaft vom Menschen) zu übertragen. Folgende Erkenntnisse waren entscheidend: Menschen tauschen Worte miteinander aus, um soziale Kontakte einzugehen. In diesem Sinne, so Lévi-Strauss, können auch Gegenstände, Symbole oder Menschen (zum Beispiel Frauen in traditionalen Gesellschaften) ausgetauscht werden.

Von dem Linguisten Roman Jakobson griff er die These auf, dass in der Sprache Laute (Phoneme) auf eine vielfältige, doch begrenzte Weise miteinander kombiniert werden, ohne dass Menschen hier direkt darüber nachdenken, warum und wie sie dies tun. Mit diesem Ansatz untersuchte Lévi-Strauss unzählige Mythen. Da diese ebenso wie die Sprache existierten, ohne einen individuellen Urheber zu besitzen, ging Lévi-Strauss davon aus, dass man anhand des Aufbaus und ewig wiederkehrender Muster in Mythen Schlüsse darüber ziehen könne, wie die grundsätzlichen (unbewussten) Mechanismen des menschlichen Geistes funktionieren.

> Der Strukturalismus ist die letzte ideologische Barrikade, die das Bürgertum noch gegen Marx errichten kann!

Mit diesen Ansätzen machte Lévi-Strauss sich Feinde in Kreisen der Neomarxisten und bei Subjekttheoretikern. Denn seine Ansätze weisen die Grundvorstellungen des modernen Individuums zurück: Der Mensch ist keineswegs der stets bewusst und reflektiert Handelnde, für den er sich gerne hält. Andere Denker wie Louis Althusser oder Roland Barthes versuchten jedoch, Marxismus und strukturales Denken miteinander zu kombinieren.

Exkurs: Der französische Strukturalismus

Wegweisend blieb Lévi-Strauss Buch *Die elementaren Strukturen der Verwandtschaft*, in dem er nachzuzeichnen versucht, dass das Inzestverbot, das den Ethnologen seit Jahrzehnten Kopfzerbrechen bereitete, keineswegs als Verbot interessant sei, sondern als Gebot: nämlich Frauen zu tauschen. Seine Werke *Strukturale Anthropologie I/II* und *Das wilde Denken* gelten als Manifeste des Strukturalismus. Hier wendet sich Lévi-Strauss auch vom rassistischen Konzept des „Primitiven" ab und weist nach, dass scheinbar „fremde" Denkweisen auf universelle logische Kodifizierungsweisen und Gesetze des Geistes basieren.

Interessant ist, dass der Begründer des linguistischen Strukturalismus, Ferdinand de Saussure, höchstwahrscheinlich von den Symboltheorien des Soziologen Émile Durkheim aus dessen Buch *Die elementaren Formen des religiösen Lebens* beeinflusst war. Er bezeichnete Sprache als totale „soziale Tatsache", eine Formel, die mit Durkheim in Verbindung gebracht wird. Durkheims Neffe Marcel Mauss begründete das erste Ethnologie-Institut Frankreichs, bei Lévi-Strauss laufen die Fäden schließlich zusammen. Der Titel seines Verwandtschaftsbuches ist eine direkte Huldigung an Durkheims Werk zur Religion. Andere meinen, Lévi-Strauss' berühmtes Vorwort zu Mauss' Aufsatzssammlung *Soziologie und Anthropologie I/II* sei als eigentliches Manifest des Strukturalismus zu betrachten. Hier setzt er sich mit Mauss' Gabentauschtheorie auseinander, in der es darum ging, die einzelnen Aspekte des Tausches (Gabe – Annahme – Erwiderung) in traditionalen Gesellschaften zu analysieren.

Beispiel aus Durkheim/Mauss: „Über einige primitive Formen der Klassifikation"

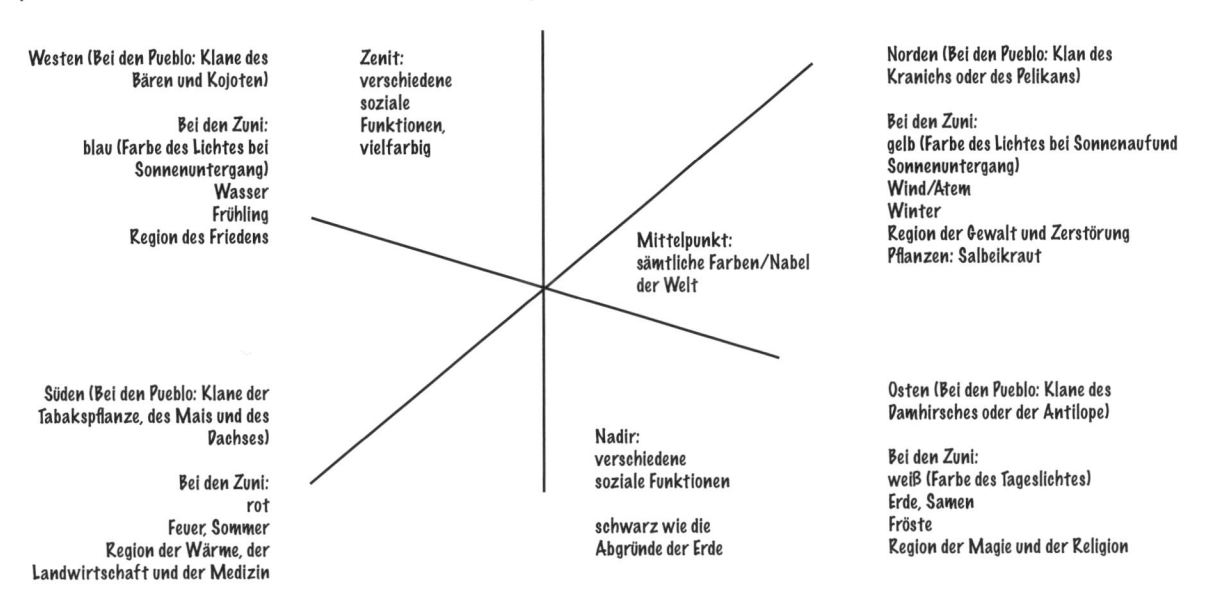

Westen (Bei den Pueblo: Klane des Bären und Kojoten)
Bei den Zuni:
blau (Farbe des Lichtes bei Sonnenuntergang)
Wasser
Frühling
Region des Friedens

Zenit:
verschiedene soziale Funktionen, vielfarbig

Norden (Bei den Pueblo: Klan des Kranichs oder des Pelikans)
Bei den Zuni:
gelb (Farbe des Lichtes bei Sonnenaufund Sonnenuntergang)
Wind/Atem
Winter
Region der Gewalt und Zerstörung
Pflanzen: Salbeikraut

Mittelpunkt: sämtliche Farben/Nabel der Welt

Süden (Bei den Pueblo: Klane der Tabakspflanze, des Mais und des Dachses)
Bei den Zuni:
rot
Feuer, Sommer
Region der Wärme, der Landwirtschaft und der Medizin

Nadir:
verschiedene soziale Funktionen

schwarz wie die Abgründe der Erde

Osten (Bei den Pueblo: Klane des Damhirsches oder der Antilope)
Bei den Zuni:
weiß (Farbe des Tageslichtes)
Erde, Samen
Fröste
Region der Magie und der Religion

Das „vorstrukturalistische Denken": Durkheim/Mauss zeichnen nach, wie sich in traditionalen Gesellschaften wie den Zuni und den Pueblo die soziale Ordnung in der geographischen Zuweisung von Praktiken, Dingen und Farben widerspiegelt. Dabei gehen sie mit Bezug auf totemistische Klangesellschaften (z.B. die Pueblo) von einem Primat des Sozialen aus: Die Gesellschaft selbst ist Vorbild und Orientierung für die zeitliche und räumliche Organisation der Welt.

Exkurs: Der französische Strukturalismus

Lévi-Strauss wendete sich gegen diese Dreiteilung und meinte, dass man die einzelnen Akte systematisch miteinander in ihrer strukturalen Beziehung setzen müsse. Es ginge hier nicht um individuelle Akte, sondern um Geflechte, welche symbolisch in der sozialen Beziehung auf das unbewusste Denken des menschlichen Geistes verweisen. Trotz aller Versuche, sich von Lévi-Strauss zu distanzieren, ist der Einfluss des Strukturalismus auf Bourdieu nicht zu übersehen. Auch Bourdieu geht davon aus, dass der menschliche Geist mithilfe von Binärkonzepten (hoch/tief, hell/dunkel etc.) Ordnungsprinzipien organisiert. Auch er geht auf unbewusste Schemata ein, welche Denken, Wahrnehmung und Handeln regeln.

> Mit der Lektüre von Bourdieu wird mir immer bewusster, wie alles entlang von Machtverhältnissen strukturiert ist. Warum z.B. sitze ich zusammengekauert und Du ganz selbstverständlich breitbeinig da?!

Allerdings unterscheidet sich Bourdieus „genetischer Strukturalismus" in einigen Punkten grundsätzlich von Lévi-Strauss: Anstatt wie dieser in den unbewussten Ebenen des Geistes nach Erklärungen zu suchen, geht Bourdieu mit Durkheim und Mauss davon aus, dass es die sozialen Verhältnisse sind, die sich in unserer Wahrnehmung niederschlagen. Oppositionen wie oben/unten, männlich/weiblich, mondän/vulgär verweisen auf historisch gewachsene Machtverhältnisse. Der Begriff des Unbewussten ist bei Bourdieu zudem ein anderer als bei Lévi-Strauss, er rekurriert auf die „vergessene Geschichte" des Habitus in der Primärsozialisation, wenn Menschen noch zu jung sind, um soziale Selbstverständlichkeiten kritisch zu hinterfragen. Auch versucht Bourdieus Praxistheorie den Akteur wieder mehr in den Blick zu kriegen: In seiner eigenen Gabentauschtheorie meint er, dass Lévi-Strauss zwei verschiedene Regel-Begriffe miteinander verwechsle. Dass bestimmte Tauschpraktiken regelmäßig geschehen, verleite Lévi-Strauss zu der Annahme, dies würde lediglich auf unbewusste Gesetze des menschlichen Geistes verweisen. Bourdieu hingegen versucht Regeln eher als soziale Erwartungen zu verstehen, mit denen Akteure durchaus spielerisch umgehen können.

Exkurs: Der französische Strukturalismus

1960 hatte Bourdieu sich mit einem Kurztext zum kabylischen Haus einen Namen gemacht. Darin zeichnet er nach, wie sich Prinzipien der Geschlechtertrennung in der Architektur niederschlagen: So symbolisiert der Mittelpfeiler im Haus mit der nach oben geöffneten Gabel die fruchtbare Frau, der Hauptbalken den Mann, dessen Stärke dem Haus Schutz bietet. Auch spiegelt sich die Binarität männlich/weiblich in Homologien wie oben/unten und außen/innen wider. Darin symbolisiert ist die öffentliche Stellung des Mannes wie die „verborgene", zurückhaltende Rolle der Frau. 1970 wird der Text in einer Festschrift zu Ehren Claude Lévi-Strauss' nochmal aufgelegt und schnell als Klassiker der strukturalistischen Forschung gehandelt. Bourdieu sollte ihn als seine letzte Schrift als „unbefangener Strukturalist" bezeichnen.

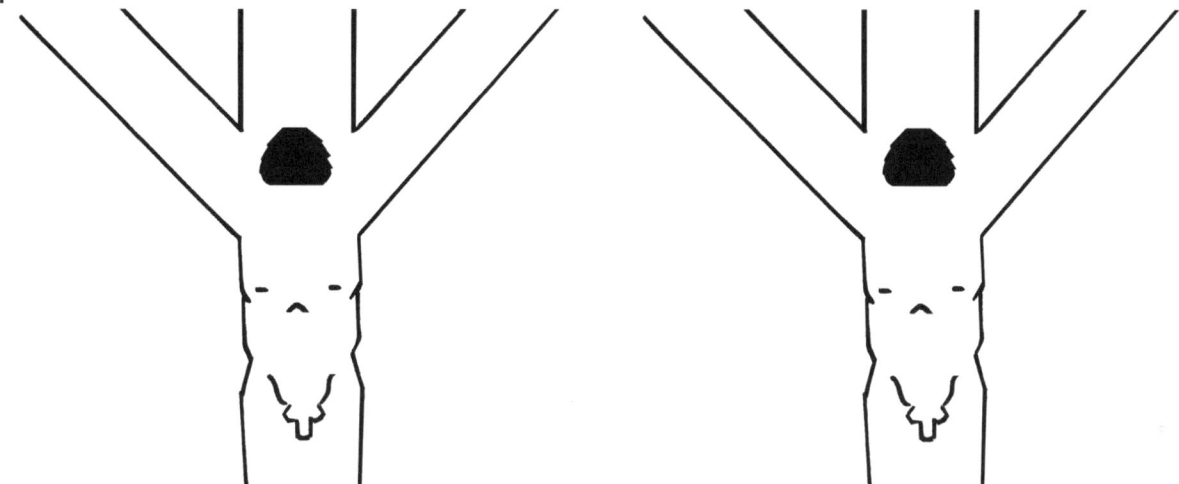

Exkurs: Ferdinand de Saussure (1857-1913)

In der Linguistik überwand Saussure die historische Sprachwissenschaft: Bei der Frage danach, warum Wörter (welche) Bedeutung haben, ging er davon aus, dass die Suche nach dem Ursprung nicht allzu weit führen könne. Die Bezeichnung eines Gegenstandes innerhalb einer Nationalsprache ist im Grunde austauschbar (einen Stuhl stört es schließlich nicht, wenn wir ihn „Tisch" nennen würden). In unserem Denken begründen das Bezeichnende, das Wort (**Signifikant**) und das Bezeichnete, das Ding (**Signifikat**) eine Einheit als Zeichen. Differenz und Relation zwischen den **Zeichen** bestimmen die Möglichkeit, Dinge zu identifizieren. Am deutlichsten wird die Verbindung zwischen Sprache und Erkenntnis an **Binaritäten**: Wir können uns unter dem Begriff „Tag" etwas vorstellen, weil es das Gegenteil „Nacht" gibt. Gleiches gilt für andere Beispiele wie hoch/tief, hell/dunkel u.s.w. Damit dies alles Sinn ergibt, Sprache und Erkenntnis nicht nur Chaos sind, so Saussure, muss es in unserem Gehirn so etwas wie eine unbewusste Struktur geben, welche die Begriffe und Vorstellungen systematisch ordnen kann. Daher der Begriff Strukturalismus.

Der Ethnologe Bourdieu

Bourdieus Zuwendung zur Ethnologie und zur Soziologie war anfangs nur als kurzer Ausflug mit der Idee geplant, danach zur Philosophie zurückzukehren. Auch während seiner Forschungen zur algerischen Gesellschaft, die später unter dem Titel *Sociologie d'Algérie* veröffentlich werden, beschäftigt er sich noch mit Theorien des Philosophen Husserl zu Strukturen von Zeiterfahrungen; ein Thema, das auch in seiner Theorie zum Gabentausch wieder auftaucht.

In diesen Studien macht Bourdieu darauf aufmerksam, welche Rolle bei den Kabylen die Frage der Zeit spielt, wann und wie man auf ein Geschenk mit einer Gegengabe antwortet. Erwidert man bspw. eine Gabe zu früh, könnte dies als Beleidigung angesehen werden, als wolle man sich von einer „Schuld" freikaufen. Kommt die Gegengabe zu spät, könnte man als unzuverlässig oder als Geizhals erscheinen. Das zeitliche Intervall zwischen Gabe und Gegengabe dient darüber hinaus dazu, für die Akteure den Schein der „Freigiebigkeit" aufrecht zu erhalten, so als sei jede Gegengabe unabhängig von der vorausgegangenen Gabe geschehen.

Im Verlaufe seiner Feldforschungen in Algerien bemerkt Bourdieu eine immer größere Distanz zwischen dem, was ihn treibt, und der glanzvollen Karriere innerhalb des philosophischen Raumes, die für ihn bestimmt zu sein schien. Der Wille, innerhalb der alltäglichen Kriegssituation mit den Menschen in direkten Kontakt zu kommen und über ihre Situation zu sprechen, die sozialen, politischen und ökonomischen Veränderungen und ihre Auswirkung auf das Leben der Menschen zu begreifen, versteht Bourdieu als einen „Opfergang", der ihn vom falschen Glanz der Philosophie befreien sollte.

Theorie des Gabentausches und Genese des Habitusmodells

Während seiner Feldforschung in der Kabylei beschäftigte sich Bourdieu mit der Frage, wieso im Rahmen der Kolonialisierung durch die französische Besatzung viele Menschen in Algerien an ihren traditionellen Lebensmustern festhielten. Einem weißen, im Kapitalismus aufgewachsenen Europäer musste vieles bei den Kabylen sehr sonderbar erscheinen, beispielsweise ein völlig anderes Verständnis von Arbeit, von Besitz und vom fairen Tausch. So hat die Verwandtschaft ein genaues Auge darauf, dass der eigene Familienname nicht entehrt wird. Verhaltensweisen, die in unseren Augen "verschwenderisch" wirken können oder irrational, verweisen laut Bourdieu auf eine andere, nicht-kapitalistische Logik der Ökonomie, die darauf angelegt ist, jegliches ökonomisches Kalkül zu verneinen. Warum ist dies so?

Für den kabylischen Bauern, bei dem Familienehre und Nachbarschaft einen nicht zu unterschätzenden Einfluss auf das ökonomische Denken besitzen, ist das Denken in Prinzipien des Profits und des Kalküls etwas negativ Besetztes: Man gilt als jemand, der die Berechnung vor seinen Nächsten stellt, im Extremfall als Geizhals, der sowohl sich selbst auch sein Gegenüber entehrt und im Ansehen der Gemeinschaft schnell fallen kann. Statt dessen kann ein (natürlich nicht übertriebenes) "verschwenderisches" Verhalten, ein Auftreten, welches das Geld "nicht so wichtig" nimmt, jemandem Ansehen und ein hohes soziales Prestige verleihen. Gerade auf dem Heiratsmarkt wird so ein "gutes Benehmen" hoch geschätzt. Wir finden hier bereits die ersten Grundzüge dessen wieder, was Bourdieu später als *Symbolisches Kapital* genauer ausformulieren wird. Bourdieus ethnologischer Blick richtet sich hier gegen die Vorstellung, dass es bei den traditionalen Gesellschaften keine Ökonomie, keine Berechnung, keine Kalkulation gebe. Es handelt sich lediglich um andere Formen, verbunden mit einer Art "kollektiver Heuchelei". Die Kabylen wissen, je mehr sie auf ihr Ansehen achten, desto besser stehen sie in ihrer Gesellschaft da.

Einer "anderen" Logik auf der Spur

Dennoch wäre es völlig undenkbar, die unterschwelligen Erwartungen eines symbolischen Profits offen auszusprechen, denn damit würde man selber wieder sein Gegenüber beleidigen. Möglicherweise ist man sogar so sehr davon überzeugt, anti-ökonomistisch zu handeln, dass man die dahinter steckenden Erwartungen bei sich selber und ihre impliziten Logiken gar nicht mehr wahrnimmt.

(Die Moral dahinter ist uns nicht völlig fremd. Man sagt, dass man wahre Freundschaft oder Liebe nicht in Preisen berechnen dürfe. Bestimmte Dinge müssen symbolisch strikt vom ökonomischen Kalkül getrennt werden.)

Mit einer solchen Perspektive ist Bourdieu einer ökonomischen Logik auf der Spur, die sich vom "rationalen Kalkül" des modernen *homo oeconomicus* unterscheidet. Mehr noch: Das kapitalistische Denken wird von Bourdieu als Ideologie entlarvt, deren universalistischer Anspruch eine hervorragende Begründung liefert, andere Gesellschaften zu unterwerfen, indem es sie als rückständig und irrational deklassiert, in dem Sinne, dass nur das kapitalistische Denken als allgemein fortschrittliches Wirtschaftsdenken behauptet wird.

Im Gegensatz zur rassistischen Sichtweise, welche sich darüber wundern kann, warum die Kabylen nicht einfach die Denkweise des europäischen Kapitalismus „zu ihrem eigenen Wohl" übernehmen, musste und konnte Bourdieu als Ethnologe das „fremde Denken" ernstnehmen. Hier war Bourdieu klar von der modernen Ethnologie *Claude Lèvi-Strauss'* beeinflusst: Das „Fremde" muss eine eigene Logik besitzen, die es aufzudecken gilt.

Genese des Habitusmodells

> WUAHA HA HA HA ... DAS IST JA SO WITZIG!

Zu Beginn verwendet Bourdieu hier noch den Begriff des „Ethos", eine Art Hilfsbegriff, um zu erfassen, dass bestimmte Muster in unserem Denken und Handeln tief in uns verankert sind und nicht einfach von heute auf morgen ausgewechselt werden können. Um dies zu verstehen, reicht ein Blick in die „eigene" Kultur: Bourdieu weist immer wieder darauf hin, dass bei dem statistisch eher seltenen Fall, dass jemand aus der Arbeiterklasse „Karriere" macht, sein Leben lang bestimmte Formen des Sprechens, des Lachens, der Körperhaltung, des Geschmacks beibehält, die ihn immer wieder von jemandem unterscheiden, der bereits aus sogenanntem „gutem Hause" stammt. Um das Phänomen dieser „Trägheit" zu erfassen, entwickelt Bourdieu schließlich das *Habitus-Konzept*.

Exkurs: Marcel Mauss (1872-1950)

Mauss stand lange im Schatten seines Onkels, dem Begründer der modernen Soziologie in Frankreich, *Émile Durkheim*. Er beeinflusste Durkheim darin, sich der vergleichenden Ethnologie zu öffnen und gründete das erste Ethnologieinstitut Frankreichs. Seine Theorien zur Magie und zu Körpertechniken wurden von Bourdieu aufgegriffen. Besonders bahnbrechend war seine Schrift zur *Theorie des Gabentausches*, in dem er den Begriff der „totalen sozialen Tatsache" prägte. Hiermit ist unter anderem gemeint, dass sich im Gabentausch traditionaler Gesellschaften religiöse, politische, ökonomische und soziale Aspekte miteinander vermischen. Später Professor am renommierten *Collège de France* ist Mauss aufgrund seiner jüdischen Herkunft sowie seiner linken Sichtweisen im Vichy-Regime zur Isolation gezwungen, er verliert viele Freunde im Krieg und durch den Holocaust. Psychisch stark geschwächt stirbt Mauss 1950 an einer Bronchitis.

Auf dem Weg zur Soziologie

> Bourdieu sagte treffend: „Die Soziologie war damals eine Pariawissenschaft. Wir Soziologen mussten uns regelmäßig von Intellektuellen, Marxisten, Schriftstellern und Journalisten belehren lassen, dass man, wolle man sich politisch aktiv einmischen, die soziale Wirklichkeit nicht nur soziologisch verstehen dürfe..."

Auch von der Ethnologie, die ganz im Schatten von Lévi-Strauss stand, distanziert sich Bourdieu Anfang der 1960er Jahre. Anstatt wie ersterer nach unbewussten Regeln zu suchen, nach denen Menschen handeln, beschäftigt sich Bourdieu stärker mit der Frage, welche praktische Logiken und Strategien Menschen verfolgen. Die Soziologie gilt zu diesem Zeitpunkt noch als Außenseiterwissenschaft.

Nach der Militärzeit nimmt Bourdieu eine Stelle an der Universität Algier an, um vor Ort seine Forschungen betreiben zu können. Hier nutzt er auch Beziehungen zur algerischen Außenstelle des *Institut national de la statistique et des études économiques* (INSEE), dem staatlichen Institut für Statistik und Wirtschaftsforschung. Auf seinen Forschungsreisen durch die Kriegslandschaft wird er begleitet von dem Studenten *Abdelmalek Sayad* (links), mit dem ihn eine lebenslange Freundschaft verbinden wird.

Exkurs: Émile Durkheim (1857-1917)

Der Begründer der modernen Soziologie in Frankreich zählt zu den am häufigsten zitierten Denkern bei Bourdieu. In *Der Selbstmord* versuchte er früh, Theorie und Empirie ergänzend aufeinander zu beziehen. Mit den *Regeln der soziologischen Methode* verfasste Durkheim ein Leitbuch der Soziologie. Das wichtigste Werk blieb jedoch *Die elementaren Formen des religiösen Lebens* von 1912 über den australischen Totemismus. Seine hier vorliegenden Thesen zu religiösen Symbolen, in denen sich eine Gesellschaft selbst verehre, regten auch Ethnologen, Philosophen und Sprachwissenschaftler an. Durkheim gründete mit seinem Mitarbeiterstab die Zeitschrift *L'Année sociologique*, seine Forschung sollte außerdem helfen, eine „neue Moral" für moderne, laizistische Gesellschaften zu begründen.

Das wilde Forschen

> Zwischen 1958 und 1964 diente ich Bourdieu, den Krieg und das Alltagsleben in Algerien zu dokumentieren.

In der kommenden Zeit ist Bourdieu getrieben von einem ungezähmten Forschungsdrang. Er zeichnet heimlich Gespräche in der Öffentlichkeit auf, reist kreuz und quer durch Algerien, um Menschen zu interviewen, Orte zu besichtigen, sich das Elend in den oben erwähnten Lagern aus der Nähe anzusehen. Mit sich trägt Bourdieu eine damals höchst innovative Fotokamera, die er sich von seinem ersten selbstverdienten Geld gekauft hat. Mit Sucher auf der Oberseite konnte der selbsternannte Feldforscher auch in heiklen Situationen unbemerkt Fotos schießen, ohne sich direkten Gefahren auszusetzen.

Bourdieus Forschungen sind zu diesem Punkt noch recht unsystematisch. Er beschäftigt sich mit der traditionellen Kleidung der Menschen und ihrer Bedeutung für die soziale Position, wertet Fragebögen aus, stöbert in Archiven. Er setzt sich mit Raumstrukturen auseinander, analysiert die Architektur auf Friedhöfen, untersucht sprachliche Eigenarten und die Schriftkultur der Menschen, fotografiert Beschneidungsrituale und vieles mehr. Zugleich ist er überwältigt von dem Gefühl, sich noch nicht genug Wissen angeeignet zu haben, um das gesammelte Material sinnvoll auswerten und interpretieren zu können.
Gerade im Gespräch mit den Menschen, die ihm von den Veränderungen und Verlusten im Verlauf der Kolonialisierung und des Krieges erzählten, hatte er immer das Gefühl gehabt, nicht genug zu wissen, um all diese Dinge adäquat erfassen zu können: „Armer Bourdieu, mit den armseligen Instrumenten, die du hast, bist du der Sache nicht gewachsen, man müsste einfach alles wissen und alles verstehen, die Psychoanalyse, die Ökonomie..."

Lehren aus Algerien

Später betonte Bourdieu, dass sein Forschungsdrang inmitten des Krieges nichts mit Heldenmut zu tun gehabt habe, sondern sich ganz aus dem Bedürfnis ergab, alltäglicher Tristesse zu entkommen. Auf den Reiserouten durch Algerien liegt die ständige Gefahr, Bomben und Maschinenpistolen zum Opfer zu fallen. Mehr als einmal ist es in Begegnungen notwendig, teils intuitiv, teils reflexartig auf Fragen die richtige Antwort zu geben, um nicht erschossen zu werden. Auch ist Bourdieu oftmals von der Kaltblütigkeit seines Begleiters Sayad in gefährlichen Situationen beeindruckt. Sowohl von französischem Militär als auch von Seiten des Widerstandes wird die Forschungsgruppe immer wieder mit Fragen konfrontiert, was man an diesem und jenem Ort zu suchen habe, was man von dieser oder jener Person wissen wolle. In den Umsiedlungslagern haben verschiedene Personen ihre schützende Hand auf ihn und stellen ihn vor als jemanden, „zu dem man sprechen kann".

> Ich rekurierre auf Marx: Unsere Kritik hat rücksichtslos in dem Sinne zu sein, dass die Kritik sich nicht vor ihren Resultaten fürchtet und ebensowenig vor dem Konflikt mit den vorhandenen Mächten.

Im Rückblick berichtet Bourdieu, dass Algerien ihm ein unschätzbares Erbe mitgegeben habe: Ein in praxi angelerntes Gespür, spontan umzuschalten, um mit Menschen in den Dialog zu treten, sich einfühlen zu können, die eigene Position zu hinterfragen. So meint 1957 ein Händler während einer Befragung: „Sagen Sie ihrem Professor, dass schon eine ganze Menge Bücher geschrieben worden sind. Das ändert überhaupt nichts!" Mit diesen Erfahrungen hatte Bourdieu seine Karrierepläne als Philosoph längst über Bord geworfen, auch wenn philosophische Fragen ihn weiterhin beschäftigen werden. Er kehrt als Soziologe nach Paris zurück, um zukünftig seine Forschungen und sein Wissen als Waffe gegen Macht- und Herrschaftsverhältnisse zu nutzen.

Elefant im Porzellanladen

Bourdieu erinnert sich in einem Interview, dass er sich nach den Jahren in Algerien unglaublich alt gefühlt habe. Auch wird er sich im universitären Raum nie wirklich heimisch fühlen. Zurück in Paris fühlt er sich unwohl und deplatziert. Aufgrund seiner sozialen Herkunft reflektiert er ständig seine Position und wirft unbequeme Fragen auf, beispielsweise zu Machtverhältnissen in der Wissenschaft. Der unterschwelligen Ansicht, dass der Intellektuelle sich um gewisse „alltägliche Dinge" nicht zu kümmern brauche, da dies seinem akademischen Stand nicht gerecht werde, entgegnet Bourdieu, dass eine Wissenschaft, die den Menschen nichts nütze, nichts wert sei.

> Tatsächlich habe ich nur sehr langsam begriffen, ...

> ... daß einige meiner Verhaltensweisen falsch gedeutet wurden, weil sie zu ernst genommen wurden und sich von der kühlen Selbstsicherheit der hochgeborenen Pariser deutlich unterschieden.

UNIVERSITÄRE SITTE

Zu Beginn vertieft Bourdieu noch sein Studium der Ethnologie, besucht Seminare von Claude Lévi-Strauss und wandert dann zu den Soziologen über. Dabei behält er seinen Blick für die „kleinen Leute" bei. Er beobachtet Gewohnheiten, folgt Unbekannten, um zu sehen, wo sie wohnen und verwickelt sie in Gespräche um abzugleichen, ob ihr Leben ungefähr mit dem übereinstimmt, wie er es sich vorgestellt hatte.

Der Soziologe *Raymond Aron* hatte Bourdieu 1960 an die Universität Lille geholt. Später stellt er ihn als Assistenten an der Pariser *Ecole Pratique des Hautes Études* ein. Bourdieu wird dann Leiter des *Centre de Sociologie Européene*. Schon früh diskutiert Aron mit ihm „auf Augenhöhe" über seine Algerienstudien. Doch Spannungen werden bald spürbar: Der konservative Aron, von Lévi-Strauss sogar als „rechter Denker" bezeichnet, und Bourdieu geraten aneinander. Einerseits geht es um wissenschaftliche Fragen, andererseits um unterschiedliche Haltungen zur Studentenrevolte im Pariser Mai 1968.

Flucht aus Paris

Es kann von einer regelrechten Flucht gesprochen werden, als Bourdieu das intellektuelle Umfeld in Paris verlässt, um in den sechziger Jahren die Orte seiner eigenen Kindheit im Béarn aufzusuchen und dort seinen ethnologisch-soziologischen Blick innerhalb eines Terrains zu schärfen, das ihm sowohl aufgrund der Erinnerungen vertraut als auch durch die Jahre der Abwesenheit fremd erscheint. Mit im Schlepptau ist erneut Sayad, die Rollen aus Algerien vertauschen sich nun: Hier ist es Sayad, der oftmals Interviews führt oder sie begleitet um einzugreifen, wenn das Gespräch zwischen alten Bekannten, Verwandten und Nachbarn und dem Forscher Bourdieu zu vertraut wird und dieser im Gespräch droht, die notwendige Distanz des Soziologen zu verlieren. Die „Konversion" von der Philosophie über die Ethnologie hin zur Soziologie findet ihren Abschluss in der Soziologie des ländlichen Raumes seines Herkunftsortes.

> Es ging um den verschwommenen Wunsch einer Wiedererlangung der Welt meiner Kindheit. Alles wird festgehalten, die Spiele während des Dorffestes, das Alter und die Marke der Autos, unzählige Kreuztabellen, Gespräche, Beobachtungen...

Jedoch wird sich die folgende Arbeit, zumindest nach außen hin, keineswegs als eigennützige Selbsttherapie herausstellen. Diesbezüglich war Bourdieu im Hinblick auf eigene biographische Daten bis zu seinem Tode zu zurückhaltend und bescheiden. Im Zentrum des Buches steht die immer häufigere Ehelosigkeit in der bäuerlichen Gesellschaft, die Bourdieu neben der Landflucht als Ursache für den Untergang des traditionellen Lebens und Wirtschaftens betrachtet.

Zurück im Béarn

Vor Ort kann Bourdieu beobachten, wie die traditionellen Muster des Familienlebens, die ihm noch aus der eigenen Kindheit vertaut sind, mit neuen Lebenskonzepten aufeinanderprallen: Anhand des Vergleichs zu traditionellen Verheiratungsformen beschäftigen sich seine Analysen mit Strategien der Brautwahl, Vorstellungen von dem und der „Richtigen" und den Folgen einer Verehelichung, die als schadhaft bezeichnet wird, bspw. wenn ein Mann aus eher schlechten ökonomischen Verhältnissen eine Frau aus einer besser situierten Familie zur Gattin nimmt. Die Brautwahl ist hierbei traditionell keine individuelle Sache, da die Folgen sich z.B. durch die Regeln der Mitgift, der Besitzaufteilung und der Verantwortung der Nachkommen für die Geschwister massiv auf Erhalt, Verminderung oder Erhöhung der Ehre und des Besitzes einer Familie auswirken.

Jedoch: Das „Einbrechen" der Moderne und die Vorstellungen vom Leben in der Stadt reizen vor allem die jungen Frauen aus den ländlichen Gebieten immer mehr dazu, ihr Glück anderweitig zu suchen. Der Bauer, sein Leben und die dazugehörige symbolische Ordnung, die traditionelle Kleidung; die béarnesische Sprache, die sich vom Französisch der Hochkultur unterscheidet (und eher dem Katalonischen ähnelt); die von der Arbeit gebeugte Körperhaltung; die „Bildungsferne" und vieles mehr werden im Vergleich zu den Versprechungen der modernen Großstadtwelt einer massiven Entwertung unterzogen.

Der Junggesellenball

> Der Bauer verinnerlicht ein Selbstbild, das andere von ihm geformt haben. Seine körperliche Scham zeigt sich in seiner Furcht vor dem Tanzen in Anwesenheit von Frauen. Es ist die Furcht vor der Lächerlichkeit.

Der Weihnachtsball, traditionell die Veranstaltung, bei der sich einst Braut und Bräutigam finden konnten, wird in Bourdieus Aufzeichnungen zum zentralen Ort, an welchem die soziohistorischen Veränderungen auf dramatische Weise sichtbar und spürbar werden. Die jungen Frauen, selbst jene, die aus den hintersten Ecken der Provinz kommen, sind wie es heißt: „tadellos gekleidet und frisiert, mitunter sehr elegant, und auch ein paar, die aus Lesquire stammen, die in Pau oder Paris als Näherin, Dienstmädchen oder Verkäuferin arbeiten. Sie haben alle ein städtisches Aussehen." Ihre männlichen Partner setzen sich aus Studenten und Schülern zusammen, Arbeitern, Angestellten und Soldaten.

Am Rande der Veranstaltungen stehen die älteren Junggesellen des Dorfes, beobachten die Szenerie, ohne wirklich mithalten zu können. Außerhalb dieses Ereignisses wird Bourdieu damit konfrontiert, wie ehemalige Mitschüler von Dorfbewohnern in Interviews der Reihe nach als: „Nicht heiratsfähig!" abqualifiziert werden. Frauen, welche die Schönheitsideale der ‚großen Welt' übernehmen, beurteilen die einfachen Bauern als „nicht vorzeigbar".

War die klassische Brautwahl noch eine Sache der Familie, stehen viele der älteren Bauern dem Individualisierungsschub der Moderne hilflos gegenüber. Verhalten schauen sie dabei zu, wie Männer aus der Umgebung und mit ihnen die moderne Welt und andere, aus Sicht der Frauen bessere „Qualitäten" und Zukunftsversprechungen auf dem Ball auftauchen. Die gesamte Körperhaltung, Gestik, Mimik und das unbeholfene Lachen der Bauern spiegeln nach außen ihre Unsicherheit und die Einsicht wider, dass ihre ehemals vertraute Welt mit ihren Traditionen in Bezug auf die ‚gängige' Weise, eine Familie zu gründen, in all ihren Erwartungshaltungen erschüttert worden ist. Auch, so Bourdieu, wird die herablassende Haltung von Außen von den Bauern mehr und mehr selber internalisiert, Resignation und Selbst-Entwertung sind in den Interviews spürbar.

Der Junggesellenball

Während in den ganz frühen algerischen Schriften Bourdieus das gesamte theoretische Vokabular noch mehr oder minder unausgereift erscheint, tauchen spätestens nach der Veröffentlichung zur Ehelosigkeit in der bäuerlichen Gesellschaft 1962 bereits verschiedene Begriffe und Themen auf, die später zu integralen Bestandteilen bourdieuscher Theorie gehören. So zum Beispiel der Habitusbegriff und das Konzept der körperlichen hexis, bei dem es grob gesagt darum geht, wie sich die soziale Position eines Menschen auch durch Körperhaltung und Gesten zeigt. Die gebeugte Haltung des Bauern, seine abgewetzte Kleidung, unsaubere Fingernägel... All dies wird in der sozialen Welt bildlich dem Habitus des Großstädters entgegengesetzt, zum Ziel des Spotts und zur Grundlage für die Ent-Wertung des Bauern auf dem Heiratsmarkt. Auch Ansätze der Geschlechterforschung, die bereits in den Untersuchungen zur Kabylei auftauchen, spielen in den Studien zum Béarn eine Rolle. Das Buch *Junggesellenball*, in dem drei Texte Bourdieus über das bäuerliche Leben seiner Heimat aus verschiedenen Zeitpunkten seines Schaffens vereint sind (von den 60ern bis in die 90er Jahre), zeigt exemplarisch, wie sich seine Theorie auf ein Thema bezogen im Laufe der Jahre immer wieder erweitert und präzisiert hat. Dies ist für Bourdieus Schriften ziemlich typisch, regelmäßig werden bereits behandelte Begriffe aus dem Theoriewerkzeugkasten neuen Analysen und Präzisierungen unterzogen.

Erkenntnistheorie: Objektivisten versus Subjektivisten

In *Entwurf einer Theorie der Praxis* (1972) sind einige der Basisbegriffe bourdieuschen Denkens (**Habitus**, **Doxa** und **symbolisches Kapital**) präziser ausformuliert. Später werden die Gedankengänge überarbeitet und um Ergebnisse aus den Béarnstudien erweitert unter dem Titel *Le sense practique* (im Deutschen missverständlich: *Sozialer Sinn*) neu veröffentlicht. Beide Bücher gelten als Theoriegrundwerke Bourdieus, sind allerdings nicht leicht zu lesen. Für weite Teile sind Vorkenntnisse zur Sprachwissenschaft, zur Verwandtschaftsethnologie sowie zu Ritualtheorien vonnöten. Auch sind die scharfen Worte, die Bourdieu zu dieser Zeit gegen den Strukturalismus Lévi-Strauss' und Sartres Subjektkonzepte richtete, heute (in Deutschland) vielleicht nicht mehr ganz nachvollziehbar. Worum geht es?

Die Zeit der Wissenschaft ist nicht die Zeit der Praxis: Während der Wissenschaftler Zeit hat, im Nachhinein Praktiken in logische Kohärenz zu bringen, handeln Akteure unter Druck. Sie verfügen über eine rudimentäre ‚Ökonomie der Logik', die für eine Situation zumeist ausreichend ist. (P. Bourdieu)

Zuerst einmal um Erkenntnistheorien (Epistemologien) und um die Frage, mit welcher „Haltung" Wissenschaftler der Alltagspraxis begegnen. Vor allem der Streit zwischen Objektivisten und Subjektivisten steht im Mittelpunkt. Dieser spielte von Beginn an in der Soziologie eine wichtige Rolle: Ging Durkheim davon aus, die Soziologie sei eine Wissenschaft der Institutionen, da soziales Handeln immer Produkt überindividueller Kontexte sei, verfolgte sein Gegenspieler Gabriel Tarde eine eher individuumszentrierte Soziologie. Beispiele heute für den Objektivismus wären der Funktionalismus oder ein verkürzter Marxismus, für den die Ökonomie alles erklärt; für den Subjektivismus stehen die Phänomenologie, die Ethnomethodologie oder die Rational-Choice-Theorie.

> Von allen Gegensätzen, die die Sozialwissenschaften künstlich spalten, ist der grundlegendste und verderblichste der zwischen Subjektivismus und Objektivismus.

Bourdieus Kritik am Subjektivismus ist dahingehend zu lesen, dass dieser soziale Praxis nur mangelhaft in Kontexte verorte. Während Denk-, Wahrnehmungs- und Handlungsschemata sozialer Akteure eingebunden sind in soziale (historisch gewachsene) Zusammenhänge, die wir aber in der Praxis niemals völlig überblicken können, konzentriere sich die subjektivistische Perspektive zu sehr auf Handlungen und Interaktionen, ohne danach zu fragen, unter welchen Bedingungen Praxis und Erkenntnis stattfinden. Soziale Wirklichkeit wird mehr oder minder als Grundlage für Interaktion unhinterfragt hingenommen und auch die Frage von Macht und Herrschaft übergangen. Laut Bourdieu hat unser Handeln innerhalb aller Selbstverständlichkeiten jedoch immer sehr viel mehr „Sinn", als uns in der konkreten Situation bewusst ist. Im Anschluss an Durkheim fordert Bourdieu einen „epistemologischen Bruch" mit der subjektivistischen Haltung. Durkheim spricht davon, alle „Vorbegriffe" systematisch auszuschalten und der vertrauten, subjektiv wahrgenommenen Alltagswelt mit einem wissenschaftlichen Misstrauen zu begegnen.

Dies führt zum Objektivismus, der einzelne Elemente in größeren Zusammenhängen betrachtet. Allerdings, so Bourdieu, müssen wir auch hier einen zweiten „epistemologischen Bruch" begehen, nämlich mit der Vorstellung, die objektiven Erkenntnisse wären identisch mit dem Alltagsdenken des Akteurs. In einer Kritik am Strukturalismus von Lévi-Strauss schreibt Bourdieu, dieser würde beispielsweise allerlei Stammbäume zum Heiratsverhalten von Gesellschaften aufstellen, ohne dabei Strategien der Akteure ernstzunehmen. Die objektivistische Haltung tendiert dazu, in sozialen Praktiken Kohärenzen zu entdecken, ignoriert aber dabei, dass der „einfache Akteur" einer „Ökonomie der Logik" folgt, die nichts mit der „wissenschaftlichen Logik" zu tun hat, jedoch für die konkrete Praxis ausreichend ist.

Die Stärken beider Erkenntnishaltungen kombinierend entwickelt Bourdieu einen dritten Ansatz: Die **Praxeologie**. Und mit ihr eben das **Habituskonzept**. Das Modell soll als eine Art „Eselsbrücke" fungieren, um zu zeigen, wie sich die gewachsene Ordnung (objektive Strukturen) in den Alltagspraktiken der Akteure (subjektive Strukturen) reproduzierten, ohne von einer idealisierten Theorie des bewusst agierenden Subjekts auszugehen, noch von einem Objektivismus, dem es ausreicht, wie der Strukturalismus das Gegebene in Modelle umzuwandeln, ohne individuelle Akteure zu berücksichtigen.

Der Habitus als vergessene Geschichte

Der Begriff „Habitus", in der Philosophie früh als Synonym für Gewohnheiten verwendet, taucht auch bei Soziologen wie Max Weber, Norbert Elias oder Marcel Mauss auf. Doch erst bei Bourdieu wird er zum fundierten Theoriebegriff ausgearbeitet. Bedeutend war das Denken des Kunsthistorikers Erwin Panofksy, der (vom Strukturalismus sowie vom Relationalismus nach Ernst Cassirer beeinflusst) versuchte, das Zustandekommen der Übereinstimmung zwischen Struktur und Praxis zu erklären. Auch greift Bourdieu auf Aspekte der „generativen Transformationsgrammatik" nach Noam Chomsky zurück. Dieser holte das „Subjekt" zurück in die Sprachwissenschaft. Er beschäftigte sich mit der Frage, wie Sprecher mithilfe einfacher grammatischer Regeln quasi unendlich viele Äußerungen von sich geben können. Im selben Sinne spricht Bourdieu vom Habitus als generatives Erzeugungsprinzip von Praxis.

> Habitusformen sind Systeme dauerhafter und übertragbarer Dispositionen, strukturierte Strukturen die wie geschaffen sind, als strukturierende Strukturen zu fungieren, als Erzeugungs- und Ordnungsgrundlagen für Praktiken und Vorstellungen.

Die Regeln für die Praxis, der praktische Sinn, werden uns schon zur Kindheit mitgegeben, daher nehmen wir sowohl die äußere Welt als auch unsere Sichtweisen, Wahrnehmungsmuster, unseren Geschmack usw. innerhalb gewisser Grenzen als so „selbstverständlich" hin, dass wir nicht auf die Idee kommen, die Dinge nach ihrer Genese zu hinterfragen. In diesem Sinne ist der Habitus „unbewusst": eine vergessene Geschichte. Bourdieu nannte sich einen „konstruktivistischen Strukturalisten": All das, was uns als selbstverständlich erscheint, ist nicht vom Himmel gefallen. Aber es erscheint uns so, weil unsere eigene Praxis in der Regel mehr oder minder auf die Selbstverständlichkeiten abgestimmt ist und sie reproduziert. Bourdieu bezeichnet den Habitus auch als unsere „zweite Natur" oder als Produkt einer „Natur gewordenen Geschichte".

Exkurs: Norbert Elias (1897-1990)

Bourdieu gibt an, den deutsch-jüdischen Soziologen sehr geschätzt zu haben. Elias' Kritik, dass der soziologischen Theorie adäquate Begriffe fehlen, um Gesellschaft und Individuum nicht als getrennte Einheiten zu betrachten, erinnert an Bourdieus Versuch, zwischen Subjektivismus und Objektivismus zu vermitteln. Bei Elias' Analysen zu Verhaltenskodexen des Adels, in denen sich die Unterscheidung von den unteren Klassen symbolisch zeigt, denkt man an Bourdieus Distinktionskonzept, wobei Elias mehr Augenmerk auf soziale Wandlungsprozesse wirft. Wichtige Schriften: *Der Prozeß der Zivilisation*; *Die Gesellschaft der Individuen*; *Studien über die Deutschen*.

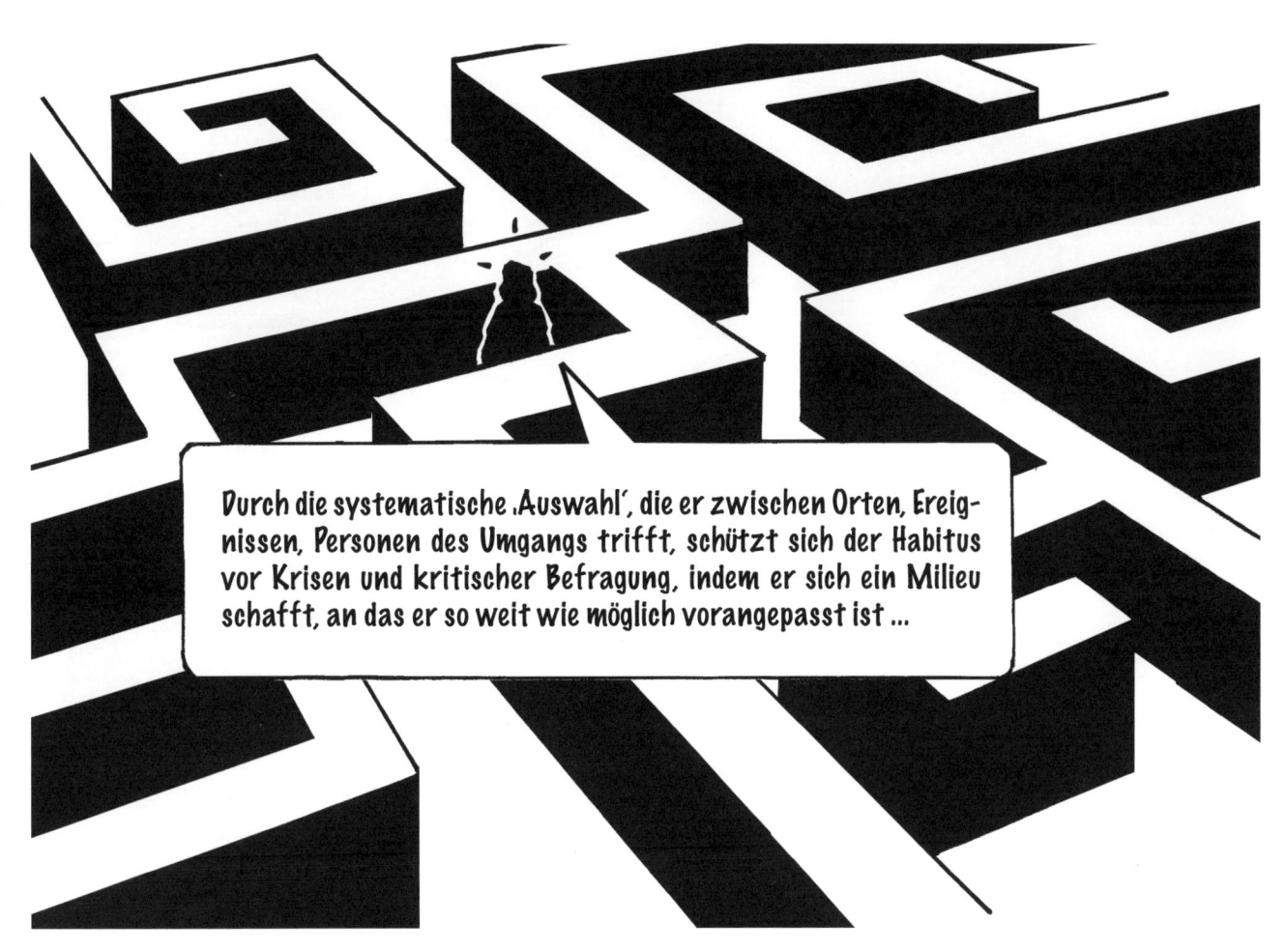

Der Habitus als strukturierte und strukturierende Struktur

> Durch die systematische ‚Auswahl', die er zwischen Orten, Ereignissen, Personen des Umgangs trifft, schützt sich der Habitus vor Krisen und kritischer Befragung, indem er sich ein Milieu schafft, an das er so weit wie möglich vorangepasst ist ...

Die **Disposition** (Einstellung), mit der Akteure der Welt gegenübertreten, ist ein Produkt der sozialen Welt, in der sie sich bewegen. Das Milieu, in dem wir aufwachsen, hat von früh an einen Einfluss auf unsere **Schemata des Denkens, des Wahrnehmens und des Handelns**. Das Konzept ist so ausgearbeitet, dass sich darin nicht nur die Akteure, sondern auch der soziale Raum wiedergespiegelt findet: Die objektiven Strukturen mit ihren materiellen und symbolischen Ordnungsprinzipien schreiben sich in die praktischen Schemata der Akteure ein.
So kann der Habitusbegriff dem essentialistischen Denken in Selbstverständlichkeiten entkommen. Die soziale Realität, so Bourdieu, existiert sozusagen zweimal: Einerseits in der äußeren Welt und in den Dingen, und andererseits (in hohem Maße unbewusst, weil nicht reflektiert) in unseren Köpfen. Als *opus operatum*, als hervorgebrachtes Werk, ist der vertraute Raum auch Grundlage für den *modus operandi*, für die Art und Weise des Handelns. Diese Abgestimmtheit bestätigt zudem die (scheinbare) „Natürlichkeit" des Gegebenen.
Mit dem Habituskonzept kann Bourdieu teils problematische Begriffe wie „Subjekt" oder „Individuum" vermeiden, eben weil wir nicht stets bewusst handelnde Akteure sind, wie es viele klassische Subjekttheorien unterstellen. Zudem beschreibt Bourdieu den Habitus als *träge*: Bei den Kabylen im Kolonialismus oder auch bei Bildungsaufsteigern (wie Bourdieu selbst es war) lässt sich beobachten, dass die grundsätzlichen Dispositionen bei neuen Umständen oftmals Abwehr zeigen. Gerade im Wegfall von Vertrautheiten (bspw. bei sozialem Wandel) wird die Präsenz des Habitus besonders deutlich: Hier spricht Bourdieu vom *Hysteresis-Effekt*. Der Habitus reagiert abweisend auf Veränderungen und verharrt so gut es geht in der Vertrautheit, mag diese auch nur noch imaginär sein.

Habitus als System von Grenzen

In frühen Studien zum Gebrauch der Fotografie oder zu Museen stellte Bourdieu fest, wie sich der Klassenhabitus in unterschiedlichen Bezügen zur Kunst äußert: Während in der Mittelschicht ästhetisches Bewusstsein präsentiert wird, neigen Mitglieder der unteren Klassen dazu, Kunst nur als „wertvoll" zu betrachten, wenn sie darin eine funktionale Aussage erblicken können. Abstrakte Bilder werden hingegen leicht abqualifiziert: „Das ist nichts für uns!"

Der Habitus ist nicht das einzige Erzeugungsprinzip von Praxis. Bourdieu gesteht Akteuren auch Kreativität und Reflexion zu, allerdings mache dies nur einen geringen Teil von uns aus. Das meiste sei eben doch „unbewusst" und automatisch. Auch sind unser Alltagswissen, unser Geschmack und unsere Normen keineswegs etwas „freies" und Individuelles, sondern abhängig davon, in welchem Milieu wir aufwachsen. Der Habitus ist eben immer auch ein **Klassenhabitus**, daher sucht er meist Räume auf, in denen sich „Gleichgesinnte" mit ähnlichen Wahrnehmungs-, Handlungs- und Denkschemata tummeln. Die praktische Abstimmung findet hier statt, ohne von irgendeinem „Dirigenten orchestriert" zu werden.

Hier zeigt sich Bourdieus relationaler Ansatz: Wir können uns identifizieren oder unterscheiden, weil wir hierarchische Klassifikationsprinzipien verwenden. Häufig erkennen wir intuitiv anhand der Kleidung, der Körperhaltung oder ästhetischer Urteile, aus welchem Milieu ein Akteur stammt, oder zumindest (strukturalistisch betrachtet): Aus welchen Milieus er *nicht* stammt. Nehmen wir einmal den Satz „Kleider machen Leute": Nach dem Drehbuch einer Hollywoodkomödie könnte ein Obdachloser in einem schicken Anzug seine Umwelt manchmal eine zeitlang täuschen. Dies hat damit zu tun, dass eine gute Frisur, saubere Schuhe, das Jacket des Gentleman in unseren Köpfen automatisch Erwartungen abrufen. Es geht um symbolische Codes, die wir kulturell erkennen. Aus dem gleichen Grund jedoch kann uns die Figur suspekt werden, wenn wir bemerken, dass ihre Fingernägel nicht gepflegt sind, sie sich völlig ignorant gegenüber „hoher Kunst" zeigt oder ungehalten über derbe Witze loslacht.

Körperliche hexis

Wenn gesagt wird, dass der Habitus auf Wahrnehmungs-, Bewertungs- und Handlungsschemata verweist, so ist vor allem unsere kognitive Seite angesprochen. Allerdings geht es um weitaus mehr, nämlich um den Körper. Die objektiven Strukturen werden nicht einfach internalisiert, sondern laut Bourdieu im absoluten Sinne *inkorporiert*: Sie schreiben sich in den Körper ein. Der Habitus zeigt sich so auch in der Haltung beim Sitzen, im Gang, im Tischverhalten, wodurch sich auch soziale Differenzen äußern. Schon Elias wies darauf hin, wie sich der höfische Adel von der Unterschicht symbolisch über eine Disziplinierung des Körpers abzugrenzen versuchte: Gerade sitzen, Kontrolle der Gestik, erhobenes Kinn usw. Bei den Kabylen bemerkte Bourdieu die eher gekrümmte Körperhaltung der Frau, während der Mann, der als würdevoll gilt, aufrecht geht und seinem Gegenüber ins Gesicht sieht.

> Wenngleich mein Habitus nur ein Produkt der Gesellschaft ist, mag mein Bewusstsein darüber nur sehr begrenzt an meiner Disposition rütteln.

GESELLSCHAFTL. HABITUS-PRODUKTION

Inkorporierung geschieht einerseits in einem vorpädagogischen Rahmen. Man denke an die Aufmerksamkeit, die Kinder dem Verhalten von erwachsenen Vorbildern schenken. Daneben gibt es jedoch auch die pädagogische Arbeit, die den „wilden Körper" in einen „habituierten Körper" umwandeln soll, vor allem durch zeitlich und räumlich strukturierte Übungen.
Körper und Geist dürfen wir hier nicht mehr als zwei getrennte Bereiche betrachten, ganz im Gegenteil: Die Bilder, die Bourdieu verwendet (Inkorporierung, Einschreibung) sollen hervorheben, dass sich der Habitus eines Menschen nicht so leicht durch einfache Reflexion „bearbeiten" lässt: Jede Erkenntnis über uns führt nicht automatisch dazu, dass wir mit reiner Willenskraft unseren Habitus als „zweite Natur" von heute auf morgen austauschen können: „Was der Leib gelernt hat, das besitzt man nicht wie ein wiederbetrachtbares Wissen, sondern das ist man."

Zur Theorie sozialer Felder

> Die Struktur des Feldes gibt den Stand der Machtverhältnisse wieder und somit den Stand der Verteilung des im Feld relevanten Kapitals.

Alle relevanten Theoriebegriffe Bourdieus stehen in Beziehung zueinander und ergänzen sich in ihrer Erläuterung. Daher wird uns der Habitusbegriff auch im weiteren Verlauf immer wieder begegnen. Habitus und soziales Feld, oder wie Bourdieu auch schreibt: „Leib gewordene Gesellschaft" und „Ding gewordene Gesellschaft", lassen sich als zwei eng miteinander verwobene Konzepte verstehen. Der Feldbegriff wiederum verweist auf Bourdieus Konzept der Kapitalsorten, auf die wir noch zu sprechen kommen, und auf die Begriffe *illusio* und *doxa*.

Was genau können wir uns unter einem Feld vorstellen? Wie gesehen begreift Bourdieu den Habitus als von Inkorporierung geprägte, dauerhafte Dispositionen. Erfahrungen und Geschichte schlagen sich in den Wahrnehmungs-, Handlungs-, Denk- und Bewertungsschemata nieder und erzeugen systematische Praktiken sozialer Akteure. Neben der Geschichte muss es natürlich auch so etwas wie einen „Raum", also äußere Bedingungen geben, die den Habitus mitbestimmen. Der Begriff des Raumes sollte dabei eher abstrakt betrachtet werden, obwohl Bourdieu auch Beziehungen zwischen dem „physischen Raum" (also Orte mit Architektur und einer konkreten Lage bspw. im Stadtbild) und dem abstrakten, dem „symbolischen Raum" sieht (hierzu unser Kapitel zur Studie *Das Elend der Welt*).

Kommen wir zu den sozialen Feldern: ein Konzept, das auch als Alternative zu einem a-historischen, selbstverständlichen „Gesellschafts"-Begriff genutzt werden kann. Bourdieu geht es darum zu zeigen, dass die sozialen Räume, in denen wir uns bewegen, eine Geschichte haben. In ihnen generiert sich ein praktischer Sinn von Akteuren. Bourdieu spricht von einem politischen Feld, einem ökonomischen Feld, einem Feld der Kunst, einem Feld der Bildung, der Religion, der Medien etc. In diesen einzelnen Feldern herrschen teils strikt abgegrenzte Sinnkonstrukte, Moralvorstellungen und Regeln. So unterscheiden sich z.B. die sozialen Akteure im religiösen Feld in ihren Habitusschemata tendenziell von Akteuren im Feld der Wirtschaft, der Politik, des Sports usw.

32

Zur Theorie sozialer Felder

Bourdieus Feldbegriff versteht sich konstruktivistisch und vor allem: relational! Was genau ist damit gemeint? Anstatt selbstverständlich davon auszugehen, dass Felder einfach „da" sind, greift Bourdieu die Idee auf, dass ein Feld nur darum existiert, weil sich darin Akteure mit einem spezifischen Feldsinn bewegen und mit verschiedenen Dispositionen zueinander in (relationaler) Beziehung stehen. Sie gehen Bündnisse ein, stoßen sich ab, bekämpfen sich und nutzen dabei ihre verschiedenen Handlungsspielräume. Zugleich sind Akteure aufgrund ihrer Positionen und Dispositionen mal mehr und mal weniger in der Lage, „frei" zu agieren, je nachdem wo und wie sie im Feld anderen Akteuren gegenüberstehen. Die Struktur des Feldes entspricht also einem jeweiligen Zustand von Machtverhältnissen.

> Soziale Felder sind wie das Schachspiel Regeln unterworfen. Erst diese Regeln verleihen dem Spiel während des Spielens die Form eines Schachspiels. Auch das soziale Feld wird erst durch das Wirken der Akteure konstituiert.

Relativ autonom sind Felder, weil Bourdieu sich durchaus darüber bewusst ist, dass Zustände und Entwicklungen in einem Feld auch Effekte auf andere Felder haben können. Insbesondere das ökonomische und politische Feld können einen hohen Einfluss ausüben, sowohl auf die Entwicklungen in anderen Feldern (beispielsweise auf das Feld der Bildung über Gesetzesvorgaben oder den Inhalt von Lehrstoffen), als auch auf die Praktiken von Akteuren, die manchmal gar nichts mit Politik und Geld zu tun haben wollen (z.B. der Idealist, der eine brotlose Kunst ausübt, aber letztlich Geld verdienen muss).

Zugleich begreift Bourdieu Felder als außerordentlich dynamisch. Darin agierende Akteure können ein hohes Interesse daran haben, den *status quo* aufrechtzuerhalten, um eigene Machtpositionen zu verteidigen, während andere die Spielregeln ändern wollen, um selber aufsteigen zu können. Allzu verwunderlich ist es jedoch nicht, dass die Dynamiken meist nur begrenzt sind. Einerseits, weil der Habitus selber nach Kohärenz strebt und eher von Trägheit bestimmt ist, andererseits aber auch, weil diejenigen, die bereits die besseren Positionen inne haben, diese in der Regel wesentlich entschiedener nutzen können, damit alles beim Alten bleibt.

Zur Theorie sozialer Felder

Die in einem jeweiligen Feld agierenden Akteure sind mit verschiedenen Kapitalformen und Kapitalvolumen (s.u.) ausgestattet und streiten miteinander um Dinge, um Worte, um Macht- und Herrschaftspositionen. In diesem Sinne spricht Bourdieu davon, dass Felder Kräftefelder sind, da in seiner Soziologie soziale Ungleichheiten als treibende Faktoren für soziale Wirklichkeit verstanden werden. Die bourdieusche Soziologie ist eben immer auch Macht- und Herrschaftssoziologie.

Sehr häufig taucht das Bild des Spielfeldes als Vergleich auf: Die Habitus der Akteure, die in einem Feld gegeneinander kämpfen, haben einen gewissen Spielsinn. Sie kennen die Regeln des Spiels. Kennt man die Regeln nicht oder verwendet falsche Regeln, so droht einem das Aus. Im Feld der Religion kann eine sakrale Erfahrung durchaus positive Effekte haben, würde jedoch ein Politiker in Deutschland eine gesellschaftlich relevante Entscheidung damit begründen, dass ihm nachts die Jungfrau Maria erschienen ist, so kann dies leicht den Weg in die Irrenanstalt nach sich ziehen. Ebenso sind die Spieleinsätze und Interessen innerhalb eines Feldes von einem anderen Feld verschieden. Diskutieren zwei Literaturwissenschaftler über verschiedene Interpretationen von Schillers Gedicht *Die Glocke*, so wird es den einen nicht sonderlich beeindrucken, wenn der andere ihm physikalisches Wissen über Quantenmechanik repräsentiert.

Zur Theorie sozialer Felder

Jedes Feld besitzt zudem seine eigenen umkämpften Güter. Für einen Politiker sind Wählerstimmen von Bedeutung, für einen Biologen möglicherweise, eine neue Tierart zu entdecken. Die umkämpften Güter wiederum verweisen auf die Dynamik von Feldern. Im Feld der Mode kann man zwar teure Kleidung tragen, ist diese jedoch nicht mehr *up-to-date*, verliert sie oftmals sowohl ihren ideellen als auch ihren materiellen Wert.

> Schau Dir mal die da an: Die läuft doch tatsächlich noch im Lady-Gaga-Outfit von vorletzter Saison herum ... Wie einfallslos!

Wichtig ist hierbei, dass Bourdieu keineswegs davon ausgeht, dass die jeweiligen Kämpfe stets mit einem rationalen Kalkül geführt werden. Die Spieler, bei denen Habitus und Feld optimal aufeinander abgestimmt sind, wissen genau, was sie tun, ohne ständig darüber nachzudenken. In Bourdieus Werk tauchen häufig Analogien zum Sport auf, z.B. dass ein erfolgreicher Habitus im jeweiligen Feld einem guten Rugbyspieler gleicht, der auf dem Feld genau weiß, wann er wo zu sein und wie zu agieren hat, ohne hierbei stets alles reflektieren zu müssen.

Eine eigenständige Abhandlung zum Feldbegriff ist Bourdieu übrigens schuldig geblieben, allerdings hat er genügend Feldanalysen vorgelegt, so dass man grundsätzliche Aspekte des Konzeptes nachzeichnen kann. Besonders hervorzuheben ist hier sein Werk *Die Regeln der Kunst*, in dem das moderne künstlerische Feld und seine Genese nachgezeichnet werden.

Feldeffekte und ritualisierte Einbindung

Im Feld wird der Akteur mit Zwängen konfrontiert, denen er sich nicht entziehen kann. Er muss Spiele mitspielen, selbt wenn sie seinen Wünschen entgegenstehen. Nehmen wir zum Beispiel das Feld des Journalismus, das Bourdieu in *Über das Fernsehen* analysiert hat: Viele Akteure treten in das Feld mit dem aufklärerischen Ideal ein, der Bevölkerung möglichst vielseitiges Wissen zu vermitteln ... und resignieren! Nicht nur, dass das politische und das ökonomische Feld (bspw. durch Werbeinvestitionen) direkt Effekte auf die Arbeitsbedingungen ausüben: Daneben gibt es auch implizite Formen von Zensur. Der Kampf um Verkaufszahlen führt z.B. dazu, dass kleinere Zeitungen dauerhaft danach schielen müssen, was größere aktuell thematisieren. Die Machtstrukturen bestimmen auch immer mit, was getan oder nicht getan bzw. was gesagt oder nicht gesagt werden sollte, häufig, ohne dies explizit zu begründen.

Auch wird darauf geachtet, wer in ein Feld eintritt: Bourdieu spricht hier von **Einsetzungsritualen**. Rituale begleiten Initianden nicht nur von einem Zustand in den nächsten, sondern dienen vor allem der Unterscheidung. Die Beschneidung macht bei den Kabylen aus Jungen nicht einfach Männer, sondern trennt sie symbolisch von den Frauen, denen basale Machtpositionen verwehrt sind. Nach dem Motto „Werde, was Du bist" soll mithilfe des Rituals ein „natürlicher" Unterschied kulturell übersetzt und legitimiert werden.

Das moderne Bildungssystem lässt sich als Hierarchie von Einsetzungsritualen verstehen: In einer Gesellschaft, in der um Arbeitsplätze und Kapital konkurriert wird, legitimieren Bildungstitel Selektion. Habitus und Feld sind dabei nur deswegen so perfekt aufeinander abgestimmt, weil ohnehin oft nur diejenigen in ein Feld eingelassen werden, die bereits den „richtigen" Habitus mitbringen.

Doxa und Illusio

Lassen wir der Philosophie einmal freien Lauf, so ließe sich fragen, ob wir überhaupt davon ausgehen können, dass irgend etwas einen allerletzten Sinn hat. Dennoch bewegen wir uns tagtäglich in einer Welt, die uns Sinn vermittelt, in der wir einen praktischen Sinn entwickeln, agieren, abwägen usw. Der Zweifel am Sinn eines Feldes ist für uns recht leicht spürbar, wenn wir darin nicht involviert sind und umgekehrt: Vieles macht für den einen Sinn, worüber ein anderer von außen den Kopf schüttelt. Ein Fußballfan kann sich leidenschaftlich mit dem Fan einer gegnerischen Manschaft streiten, während jemand, der mit Sport nichts zu tun hat, dies sinnlos finden kann.

Bayern sind die Geilsten!

Bayern hat einfach krass viel Kohle! Das hat mit Fußball nichts mehr zu tun!

Sie haben die Bibel nicht verstanden!

Die spinnen, die Klerikalen ...

Und sie nicht mal gelesen!

Literaturliebhaber streiten im Fernsehen mit hochrotem Kopf über den künstlerischen Wert eines Buches, während die junge Schülerin zum nächsten Programm switcht, um zu sehen, welcher B-Promi sich einen neuen Skandal erlaubt hat. Religiöse Menschen wiederum können bis zum Äußersten für verschiedene Glaubensauslegungen kämpfen, ihr Habitus ist auf den Spielsinn des religiösen Feldes abgestimmt.

Doxa und Illusio

Doch wie genau lässt sich eigentlich dieser Sinn für das Spiel fassen? Soziale Felder müssen als historisch gewachsen betrachtet werden. Sie können nur über Akteure existieren, die aber nicht einfach nur darin agieren, sondern auch einen Wert in dem sehen, was sie tun. Nehmen wir das Feld der Kunst: Dass sich Akteure (Künstler, Verleger, Lektoren, Kunsthistoriker usw.) darin streiten, miteinander über Interpretationen von literarischen Texten oder Gemälden diskutieren oder sich gegenseitig guten oder schlechten Geschmack zuschreiben, ist nicht per se evident. Jedoch kann man nachzeichnen, wie ein Feld der Kunst ungefähr zur Mitte des 19. Jahrhunderts entsteht, in dem ein künstlerischer Habitus überhaupt erst generiert werden konnte. In diesem konkreten Fall handelt es sich um eine Kulturszene, die sich vom „ökonomischen Blick" auf Kunstwerke abgrenzte und stattdessen die Idee der *l'art pour l'art* entwickelte, also Kunst um der Kunst willen in Abgrenzung zum Kunstmarkt.

Die Praxis der Akteure in einem Feld ist mit einem *Glauben* verbunden. Hierfür übernimmt Bourdieu den griechischen Begriff der *doxa*. Mit der Distanz des Soziologen werden die Dinge, die wir glauben, zwar weniger selbstverständlich, aber Alltagspraxis funktioniert oftmals nur deshalb so reibungslos, weil es diesen unbedingten Glauben gibt, dass bestimmte Praktiken, Sichtweisen, Werte etc. richtig sind.

Ein Interesse haben heißt, einem bestimmten sozialen Spiel zuzugestehen, dass das, was in ihm geschieht, einen Sinn hat, und dass das, was bei ihm auf dem Spiel steht, wichtig und erstrebenswert ist.

Solange wir es mit relativ geschlossenen Gesellschaften zu tun haben, deren Lebensrhythmus zyklisch verläuft, d.h. ohne sozialen Wandel oder Revolutionen, ist die *Doxa* der Akteure relativ homogen, allein deswegen, weil es keinen Grund gibt, den Glauben an das Selbstverständliche infrage zu stellen. Erst wenn es zu Brüchen und Differenzierung kommt, wird aus Doxa *Heterodoxie* (Hetero = verschieden): Jetzt treten verschiedene Glaubensformen gegeneinander an, Meinungen bekämpfen sich und das Selbstverständliche sieht sich Legitimationszwängen ausgesetzt und muss diskursiv vermittelt werden. Die einfache Doxa wird bei Traditionalisten nun zur *Orthodoxie*, zum einzig richtigen Glauben, der verteidigt werden muss, während auf der anderen Seite die *Allodoxie* (allo = anders) sich neu behaupten muss und Traditionen kritisiert.

Doxa und Illusio

Von den Orthodoxen wiederum werden die Rebellen als Blasphemiker und Häretiker denunziert. Diese Begriffe, die wir eher aus religiösen Kontexten kennen, lassen sich ihrem Inhalt nach soziologisch auf alle Felder mit ihren Kämpfen und Dynamiken übertragen.

> Die Befreiung der Arbeiterklasse muss das Werk der Arbeiterklasse selbst sein.

> Das ist doch dogmatisch!

> Nein, das ist sozialistische Wissenschaft, Du Häretiker!

> Verstaubter Determinist!

> Naiver Postmodernist!

Die Effekte, die Kraft, die ein Feld auf den „Spielsinn" ausübt, nennt Bourdieu *illusio*. Bezieht sich die Doxa eher auf die Inhalte z.B. der Wertvorstellungen in einem Feld, so setzt die illusio (früher von Bourdieu auch „Interesse", später „libido" genannt) noch grundsätzlicher an. Die illusio (lat. ludere = spielen) ist die grundsätzliche Überzeugung an der Selbstverständlichkeit der Existenz eines Feldes, in dem wir uns bewegen. Künstler können sich heute selbstverständlich über den ideellen Wert von Kunst unterhalten, ohne sich darüber bewusst zu sein (oder gar zu wissen), dass ihre Diskussion vor fünfhundert Jahren überhaupt keinen „Sinn" gehabt hätte, oder noch genauer: unmöglich gewesen wäre. Auch bei der Illusio liegt wieder ein Theoriekonzept vor, das dazu dient, das Selbstverständliche kritisch zu betrachten: „Die soziale Realität Welt existiert zweimal: Einmal in den Dingen und daneben in den Köpfen der Akteure." (Bourdieu) Da die Felder selbst historisch gewachsen sind (und ihre Existenz damit willkürlich ist), ist auch die illusio ein Konstrukt, aber eben, wie man mit Durkheim sagen könnte, eine „wohlbegründete Illusion": Die Akteure sind involviert, sie spielen und kämpfen mit und gegeneinander, „als ob" das Ganze sich von selbst erklärt.

Ein politischer Intellektueller

Im Jahre 1975 wird Bourdieu Herausgeber der Zeitschrift *Actes de la recherche en sciences sociales*. Die Zeitschrift ist als politisches Forum für Sozialwissenschaftler zu verstehen. Ebenso wie in der Zeitschrift *liber* (ab 1989) soll das Blatt eine Möglichkeit bieten, wissenschaftlich fundierte Kritik einer breiten Öffentlichkeit möglichst frei von Zensur anzubieten. Ziel ist es hierbei, bereits bestehenden sozialen Bewegungen argumentative Rückendeckung zu bieten, unter anderem auch mit dem Mittel statistischer Daten.

Diese „politischen Interventionen" machen Bourdieu auch außerhalb des akademischen Raumes bekannter. Es erscheinen Aufsätze, die später in *Die feinen Unterschiede* mit zum Tragen kommen. Zu erwähnen sind auch die „Eigenheim-Texte": In den 1980er Jahren kam es in Frankreich zu einem Anstieg von Darlehen und Krediten. Neue Möglichkeiten, sich selbst mit geringer Anzahlung den Traum vom Eigenheim zu erfüllen, stürzten viele Franzosen in finanzielle und soziale Krisen. Sich von Baufirmen und Banken betrogen fühlende Eigenheimkäufer zahlen nicht nur jahrelang Zinsen ab, oftmals wandelt sich der Traum auch in seiner symbolischen Form als Prestigeobjekt zum Alptraum: Die in der Werbung hochgelobten Vorort-Fertighäuser entpuppen sich als instabil und hellhörig. Interviewte in Bourdieus Studien klagen über mehrstündige Fahrten in die Innenstadt zur Arbeit, die täglich in Kauf genommen werden, um überleben zu können und die Schulden abzuzahlen. Des Weiteren analysiert Bourdieu die rhetorischen Taktiken von Hausunternehmern und Bankangestellten, um Kunden mit vielseitigen Manipulationsmitteln zum Kauf zu bewegen, selbst im Wissen, dass dies den Kunden dauerhaft in finanzielle Krisen stürzen dürfte.

Soziale Ungleichheit im französischen Bildungssystem

Beim Titel des Werkes *Illusion der Chancengleichheit* (Bourdieu/Passeron; deutsch 1971), das auch hierzulande im Rahmen der Bildungsreformen diskutiert wurde, ist Vorsicht angebracht: Auf den ersten Blick scheint gemeint zu sein, dass Chancengleichheit in der Schule nur eine Illusion sei. Und in der Tat zeigen Studien, dass Hautfarbe, Klasse oder Geschlecht auch heute noch (oftmals unbewusst) eine Rolle in der Notenvergabe spielen.
Allerdings ist der Titel auch dahingehend zu lesen, dass Chancengleichheit selbst eine Illusion produziert, nämlich die einer „demokratischen" Verteilung von Bildungstiteln. Laut Bourdieu reproduziert nicht (nur) Ungleichbehandlung soziale Ungleichheit, sondern gerade Gleichbehandlung kann *Chancenungerechtigkeit* legitimieren.

Indem Kommunikation und Lehrinhalte sich an der Kultur der Ober- und der Mittelschichten orientieren, sind Kinder aus der Unterschicht quasi-automatisch benachteiligt. Bourdieu kritisiert, dass letztere nicht ausreichend mit Techniken des Lernens vertraut gemacht werden, welche andere Kinder aufgrund ihrer Primärerziehung bereits mitbringen. Unter dem Deckmantel der Chancengleichheit werden hier die Gründe für Benachteilung verschleiert, *da ja alle gleich behandelt werden*. Diese Form der Reproduktion sozialer Ungleichheit wird von den Benachteiligten oft unhinterfragt anerkannt, wenn ohne objektivistische Kritik der Maßstäbe Erfolg und Versagen subjektivistisch an den individuellen Schüler angelegt werden.
Bourdieu spricht von **Klassenethnozentrismus**: in der Verteilung von Bilduntgstiteln wird privilegiert, wer bereits mit einem ‚richtigen Habitus' ausgestattet ist; Schüler, die *ordentlich sitzen*, ‚aufmerksam sind' und Erben eines Kulturkapitals, welches Kindern aus der Unterschicht statistisch gesehen seltener mitgegeben ist.

Formen des Kapitals

Mit Marx teilt Bourdieu die Ansicht, dass die Geschichte durch soziale Kämpfe bestimmt ist. Im Gegensatz zu diversen marxistischen Ansätzen, rekuriert Bourdieus Soziologie jedoch nicht allein auf ökonomische Faktoren als Ursache der sozialen Auseinandersetzungen. Auch andere Kapitalien stehen laut Bourdieu „auf dem Spiel". Einem ökonomischen Kapitalbegriff fügt Bourdieu Konzepte eines Bildungs-, Sozial- und symbolischen Kapitals hinzu.

Bourdieu vergleicht die unterschiedlichen Kapitalsorten mit verschiedenfarbigen Chips in einem Spiel: Es gibt Spieler mit viel ökonomischem Kapital, wenig kulturellem oder wenig sozialem Kapital. Bei anderen ist es umgekehrt. Jeder spielt entsprechend der Höhe seiner Chips. Wer einen großen Stapel hat, kann bluffen und Risiken eingehen: Es geht in fortwährenden Auseinandersetzungen darum, welches Kapital in gegebenen Feldern gegen ein anderes eingesetzt oder eingetauscht werden kann, um zu gewinnen.

Formen des Kapitals

Das **Bildungskapital**, auch als kulturelles oder später als Informationskapital bezeichnet, spielt neben Geld in modernen Gesellschaften die vielleicht entscheidendste Rolle, wenn es um die Verteilung von Berufspositionen, Einkommen und Macht geht. Wissen, Bildung, Kultur ... all dies ist auf dem Bildungsmarkt bereits ungleich verteilt, und ebenso, wie sich ein Kapitalist mit viel Geld besser gegen Konkurrenten durchsetzen kann, kann auch jemand, der aus einem Akademikerhaushalt stammt, sein Wissen besser „vermarkten" als jemand, in dessen Elternhaus Bücher, Theaterbesuche oder Bildungsreisen nicht zum Alltag gehören.

> Wir haben dafür gesorgt, dass unser Kind für die Zukunft gewappnet ist ...

> Ich tue, was ich kann. Aber bei den Hausaufgaben kann ich auch nicht helfen ...

Ein Beispiel: Man denke an das Klischee der gut gekleideten Tochter aus dem Akademikerhaushalt, die einen Habitus mit in die Schule bringt, der bei den Lehrenden „gut ankommt". Sie ist in der Lage, konzentriert zuzuhören, geht sorgfältig mit ihren Heften um, hat ein eigenes Zimmer mit ausreichend Lehr-Material (Zirkel, Ordner, Computer, Drucker ...), einen eigenen Schreibtisch und Regale etc. und ist gewohnt, in einer perfekt abgestimmten Umgebung zu lernen. In der Primärerziehung kriegt sie mit, welche Schriftsteller bedeutend sind und dass man Dinge nicht achtlos in die Ecke wirft. Die Soziologie hat unlängst erforscht, welchen Anspruch gerade Eltern aus der Mittelschicht haben, ihre Kinder möglichst früh in den Genuss von Bildung kommen zu lassen. Anders der Junge aus der Arbeiterklasse, der mit seinen Geschwistern in einem engen Zimmer wohnt inmitten einer Siedlung mit hohem Lärmpegel, der nicht genügend Platz und Möbel hat, um einen feineren Ordnungssinn entwickeln zu können und für den Schiller und Goethe nicht mehr sind als Namen von verstorbenen Schreiberlingen. Besagte Tochter „erbt" bereits eine ausgeprägt positivere Haltung zur Bildung als der Sohn aus der Arbeiterklasse.

Kulturelles Kapital

Einerseits geht es also um die Disposition von Schülern und Schülerinnen, die im Elternhaus implizit mitgegeben wird und über den Erfolg entscheidet; andererseits um das tatsächlich erworbene Wissen. Dieses angeeignete Wissen bezeichnet Bourdieu als **inkorporiertes Kulturkapital**. Dass Kulturkapital innerhalb des Bildungsmarktes nicht einen Wert an sich besitzt, zeigt sich daran, dass es *entwertet* werden kann: Bildungsinhalte wandeln sich, Wissen, das gestern von Bedeutung war, kann schon morgen keinen Profit mehr einbringen. Die wichtigste Investition ist also (neben Geld) die Zeit: Genau diese kann sich als Fehlinvestition herausstellen, wenn das erarbeitete Wissen nicht mehr aktuell ist. Allein hier liegt ein Grund zur Reproduktion sozialer Ungleichheit vor, wenn die besagte Tochter aus dem Akademikerhaushalt dem Arbeitersohn stets einen Schritt voraus ist.

Des Weiteren gibt es das durch Materialität **objektivierte Kulturkapital**: Über Gemälde, Bücher, Instrumente etc. muss man überhaupt erst einmal verfügen, um sich ein Know-how im Umgang damit anzueignen. Als drittes schließlich ist das **institutionalisierte Kulturkapital** zu nennen, welches sich in Bildungstiteln niederschlägt. Die Profitabilität dieses Kapitals zeigt sich vor allem gegenüber der Bildung des Autodidakten. Während dieser auf dem Bildungs- bzw. auf dem Arbeitsmarkt seine selbstständige Wissensaneignung deutlich präsentieren muss, wird Bildungstiteln bereits mit einem Vertrauensvorschuss begegnet, selbst wenn der Träger möglicherweise alles längst wieder vergessen hat. Zudem weist Bourdieu auf die „magische" Kraft des Bildungstitels hin, bspw. in Diskussionen allein deswegen mehr Gehör zu finden, weil man nicht Schüler, sondern Lehrer; nicht Magister, sondern Promovierender; nicht Doktor, sondern Professor ist.

Soziales Kapital

Bourdieu verweist neben dem Bildungskapital auf das **Soziale Kapital**: Hier geht es um Fragen von Gruppenzugehörigkeit, um Familiennamen, Freundeskreise und deren Ansehen, Einfluss usw. Die Zugehörigkeit kann einen Vertrauensvorschuss bzw. Kreditwürdigkeit (im metaphorischen, aber auch ökonomischen Sinne) bieten.

KARRIERE

Jetzt habe ich Euch zum Karrieregipfel verholfen, da erwarte ich ein wenig Unterstützung bei meiner Wohnungssuche.

Die eine Hand wäscht die andere!

Person A ist mit Person B verwandt/befreundet/verpartnert: Man kann ihr vertrauen! Mit erhöhtem Gesamtkapital einer Gruppe kann diese Gruppe bzw. können ihre Mitglieder zudem ihren Einflussbereich erweitern. Man gehört zum Who-is-Who eines angesehenen Clubs, einer Akademie, einer Sozietät und kann Position und Einflussraum nutzen, um neue Bekanntschaften zu machen, mit dieser oder jener angesehenen Person leichter in Kontakt treten, sorgenfreier an ein Jobangebot kommen oder wird gar selber zum ‚begehrten Objekt'.

Grundvoraussetzung für den Erhalt des Sozialkapitals und der Gruppenzugehörigkeit ist der Tausch: Man tauscht Smalltalk aus; kleinere und größere Geschenke; schanzt sich gegenseitig Jobs zu; hofft darauf, dass der eigene Sohn die Tochter aus dem Hause so-und-so heiratet … In diesem Sinne, so Bourdieu, sind die Vorzüge des Sozialkapitals auch immer mit Pflichten verbunden, die von allen Gruppenmitgliedern gefordert werden und bei Nichterfüllung zu Sanktionen führen können.

Zudem kann es auch negatives Sozialkapital geben, ‚falsche Beziehungen'. Das schwarze Schaf einer Familie senkt das Ansehen der Eltern in der Nachbarschaft und die treulose Ehefrau steht auch als Mutter schlecht da und beschert ihren Kindern Misstrauen im Freundeskreis. Andere Beziehungen sind ambivalenter: In der Studie zum *Elend der Welt* wird zum Beispiel darauf hingewiesen, dass ein enger Freundeskreis von Jugendlichen in „Problemvierteln" zwar aufgrund eines hohen Loyalitätsgefühls für Ansehen und Respekt sorgen kann; andererseits wird eben dieses Milieu möglicherweise im Bewerbungsgespräch für Vorurteile sorgen: „Wer aus so einem Milieu kommt, bei dem muss man vorsichtig sein…"

Symbolisches Kapital

Als Metakapital lässt sich das **Symbolische Kapital** verstehen, als welches alle Kapitalsorten dienen können. In den Algerienstudien zum Tausch wurde bereits deutlich, dass Reichtum zwar Ansehen fördert, symbolisch aber negativ umschlagen kann, sobald der Reiche als Geizhals erscheint. In anderen Feldern kann sich gerade Armut symbolisch stark durchsetzen: Der Künstler, der von der Hand in den Mund lebt, genießt im Feld der Kunst Anerkennung für seinen radikalen Idealismus; der Asket gilt in religiösen Gemeinschaften als charismatische Figur. Der Kapitalist wiederum macht sich über beide lustig und hat für Idealismus weder Zeit noch Verständnis. Oftmals kann Verzicht zur Anhäufung symbolischen Kapitals führen, welches sich wiederum später ökonomisch auszahlt: Hat der Künstler bewiesen, dass es ihm mit der Kunst ernst ist, wird es verständlicher, wenn er irgendwann dafür ‚richtig Geld verdient'. Von anderen wieder wird er als Verräter beschimpft.

Als Bob Dylan anfing, seiner Folkmusik einen elektronischen Klang zu verleihen, warfen ihm 1966 einige Folkpuristen Verrat und „Ausverkauf" vor. Den Statusverlust in der Folkszene machte allerdings die enorme Popularität in der Rock'n'Roll-Szene wett, die dem Künstler auch einen außerordentlichen ökonomischen Erfolg bescherte.

Mit anderen Worten: Das Funktionieren eines Kapitals ist immer abhängig von der Bereitschaft, Dinge oder Haltungen als wertvoll zu definieren. Kapitalsorten sind nicht allein Einsatz und Ziel der Kämpfe. Es geht auch um eine begleitende Auseinandersetzung darum, dass etwas überhaupt objektiv als Kapital erkannt und anerkannt werden kann. So kann man z.B. eine künstlerische Fähigkeiten erst dann vorteilhaft einsetzen, wenn man sich in einem Umfeld bewegt, in dem ein Interesse für Kunst vorherrscht. Manchmal ist man gezwungen, bei anderen Menschen (z.B. bei Mäzenen und Förderern) erst einmal einen Sinn für Kunst zu ‚erwecken'.

Transformation von Kapitalformen

Hier noch eine abschließende Bemerkung: Ökonomisten könnten allzuleicht versucht sein, Bourdieus Konzepte kultursoziologisch zu reduzieren. Es gilt: Bourdieu war sich sehr wohl bewusst, dass im Kapitalismus hinter kulturellem, sozialem und symbolischem Kapital das ökonomische Kapital eine entscheidende Rolle spielt, entweder unabhängig von den anderen Kapitalsorten oder als Basis für diese. Wer viel Geld hat, dem bieten sich mehr Möglichkeiten, sich Bildung anzueignen oder sein soziales Ansehen zu steigern. Ökonomisches Kapital kann in objektiviertes Kapital (Kauf einer Geige) eingetauscht werden, welches wiederum Basis von inkorporiertem Kapital (Erlernen des Geigespielens) ist. Eine Kapitalform kann also in andere Kapitalformen transformiert werden. Auch vom „Wechselkurs" wird gesprochen.

> Die Abgrenzung der Kapitalsorten ist manchmal schwer.

> Der Besitz eines wertvollen Kunstwerkes zum Beispiel, kann zugleich ökonomisches, wie auch objektiviertes kulturelles Kapital darstellen.

Karl Marx (1818-1883)

Mit Marx teilt Bourdieu die Sichtweise, dass die Geschichte stets von sozialen Kämpfen geprägt wurde. Des Weiteren verweist Bourdieu auf die Betonung des Praxis-Begriffes aus den Marxschen Feuerbachthesen. Seine Unterscheidung von der „Klasse auf dem Papier" und „mobilisierter Klasse" erinnert an Marx' Konzept der „Klasse an sich/für sich", von dem Bourdieu sich nicht ganz überzeugend abgrenzt. Gängigerweise wird die Marx-Rezeption im Vergleich zum Aufgreifen Webers und Durkheims bei Bourdieu als wesentlich unkonzipierter begriffen, was womöglich auch darauf zurückzuführen ist, dass Bourdieu eine eher distanzierte Haltung zum Marx-Revival der 50er und 60er Jahre hatte.

Sinn für Distinktion: *Die feinen Unterschiede*

Ende der 1950er Jahre meinte Claude Lévi-Strauss, es müsse sich einmal jemand finden, der ethnologische Theorien und Methoden zur Erforschung traditionaler Gesellschaften auf einen Großraum wie Frankreich beziehe, um soziale Strukturen und ihre symbolische Ordnung zu analysieren. Genau dies leisten Bourdieus *Die feinen Unterschiede* aus dem Jahr 1979, im Originaltitel *La distinction*, was erstmal soviel heißt wie „Die Unterscheidung". Bourdieu spricht im Vorwort zur deutschen Ausgabe auch von einer „Ethnographie Frankreichs".

Zwei zentrale Begriffe sind zu nennen: Zum Einen der Begriff der „Klasse", zum Anderen der Begriff des „Lebensstils". Bourdieu verknüpft Marx' Klassenkonstruktion, bei der soziale Verhältnisse primär im Hinblick auf ökonomische Ungleichheiten betrachtet werden, mit Max Webers Konzepten von „Stand" und „Prestige". Es geht um Fragen des Geschmacks, der Kultur.

Auch nur wieder eine falsche Rivalität in der Soziologie ...

WEBERIANER — MARXIST

Bourdieus Klassenanalyse darf nicht als „cultural turn", als Negation von Marxens Klassentheorie missverstanden werden. Im Gegenteil versucht er vermeintliche Dualismen miteinander zu versöhnen.

Wie Bourdieu in den Studien zum französischen Bildungssystem klargemacht hat, sind in der modernen Gesellschaft Bildungstitel ziemlich entscheidend dafür, ob ein Mensch es „zu etwas bringen" kann. Auf die Komponenten ökonomisches und kulturelles Kapital aufbauend entwickelt Bourdieu das Konzept des **Sozialraums**, dargestellt durch ein Koordinatenkreuz, in dem die Stellung von sozialen Akteuren eingetragen werden kann. (Eine Skizze hiervon findet man in diesem Buch auf Seite 50.)

Es handelt sich um ein dreidimensionales Modell. Die vertikale Achse gibt Auskünfte über das *Kapitalvolumen*: Je weiter oben, desto mehr kulturelles *und* ökonomisches Kapital besitzt man. Die horizontale Achse wiederum berücksichtigt die *Kapitalstruktur*, die Verteilung der Kapitalformen. So gibt es Berufsgruppen, bei denen – je weiter rechts man sich bewegt – eine Korrelation zwischen hohem Einkommen, aber geringerem kulturellen Kapital vorliegt (z.B. Führungskräfte); und umgekehrt, wenn man sich nach links orientiert, weisen Intellektuellenberufe zwar hohe Bildungstitel, aber ein geringeres Einkommen vor als die Gruppierungen rechts.

> Die Stufenleiter der durchschnittlichen Profitraten entspricht im großen ganzen der Rangfolge der Legitimitätsgrade; wobei etwa Kenntnisse in klassischer oder sogar avantgardistischer Literatur auf dem schulischen Markt wie anderswo höhere durchschnittliche Gewinne abwerfen als gute Flimkentnisse ...

> ... oder erst recht Kentnisse auf dem Gebiet des Comics, der Kriminalromane oder des Sports.

Bei der dritten Dimension handelt es sich um Pfeile im Koordinatenkreuz, welche zeitliche Laufbahnen darstellen, Auf- oder Abstiege von Berufsgruppen bspw. begünstigt durch Umwälzungen wie Bildungsreformen. Bourdieu geht davon aus, dass in einer Gesellschaft, in der Ressourcen umkämpft sind, die oben angesiedelten Akteure dazu tendieren, ihre Plätze zu verteidigen, während andere versuchen, sich hinauf zu kämpfen. Daher erklärt sich vor allem die Dynamik in den mittleren Klassen, deren Angehörige (bedroht von Abstiegsängsten) zu den **Herrschenden** aufschließen wollen.

Insgesamt präsentiert Bourdieu eine überaus komplexe und vielschichtige Konzeption der sozialen Struktur, wobei soziale Klassen nicht nur im Sinne des oben/unten-Schemas präsentiert sind wie in klassischen Klassen- oder Schichttheorien. Das Modell soll ein Gespür dafür vermitten, dass soziale Akteure im Sozialraum eine spezifische Position einnehmen, die die Praxis und ihre (ökonomischen und kulturellen) Grenzen mitbestimmt. Es ergibt sich die Basis für eine breitere Rekonstruktion sozialer Über-/Unterordnungen und Transformationen, wobei Bourdieu einräumt, dass viele Faktoren mit dem Modell nicht oder nur indirekt erfassbar seien. Fragen zum Geschlechterverhältnis oder zu rassistisch bestimmten Hierarchien müssten noch einmal gesondert integriert werden.

Skizze: Sozialraum

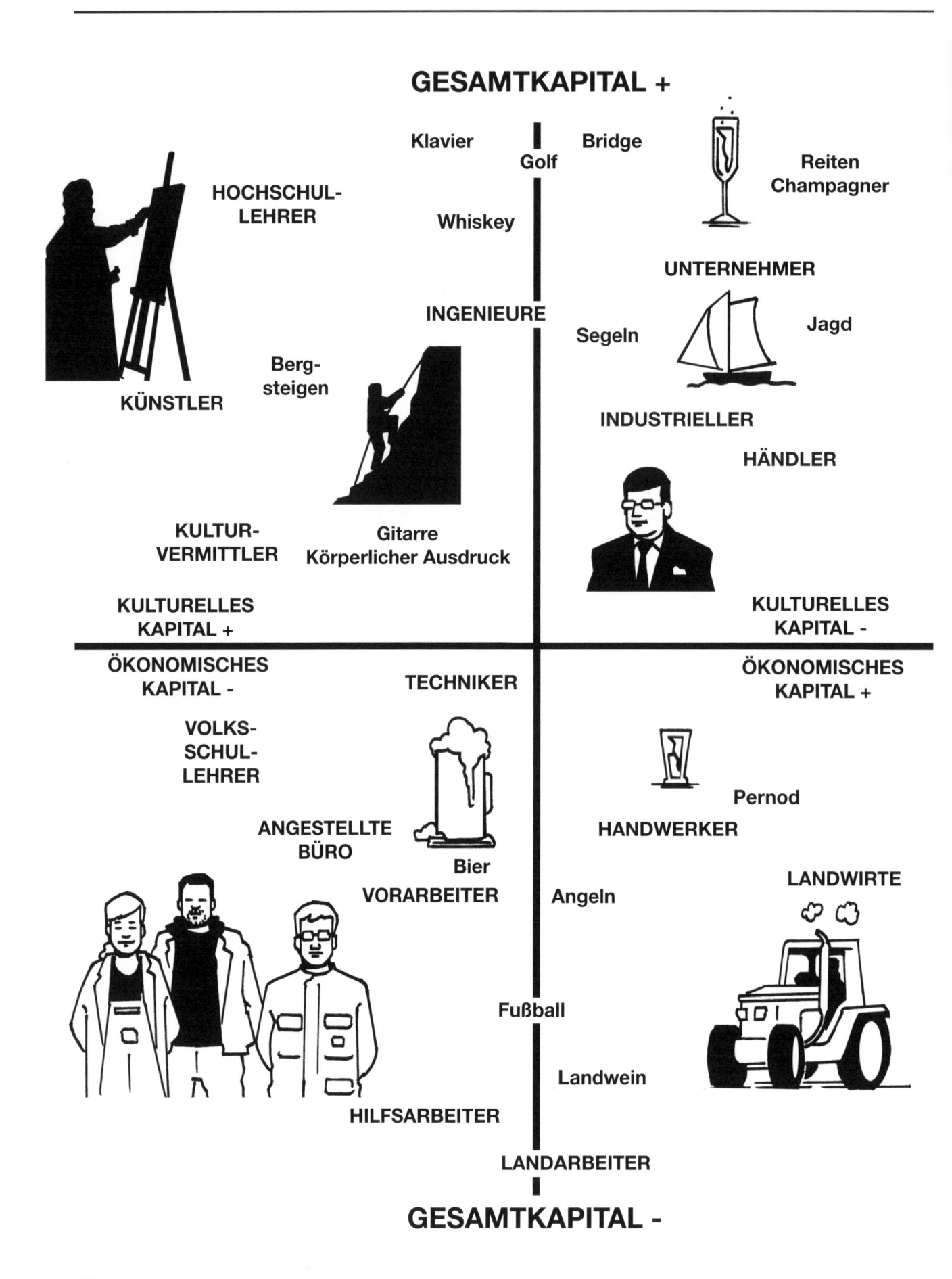

GESAMTKAPITAL +

Klavier   Bridge
         Golf   Reiten
                        Champagner
HOCHSCHUL-
LEHRER   Whiskey

                        UNTERNEHMER
           INGENIEURE
                    Segeln   Jagd

      Berg-
      steigen
KÜNSTLER
                        INDUSTRIELLER

                                HÄNDLER

KULTUR-
VERMITTLER   Gitarre
              Körperlicher Ausdruck

KULTURELLES   KULTURELLES
KAPITAL +   KAPITAL −

ÖKONOMISCHES   ÖKONOMISCHES
KAPITAL −   TECHNIKER   KAPITAL +

VOLKS-
SCHUL-
LEHRER
                           Pernod
                    HANDWERKER
ANGESTELLTE
BÜRO
              Bier   LANDWIRTE
       VORARBEITER   Angeln

                  Fußball

                  Landwein

       HILFSARBEITER

       LANDARBEITER

GESAMTKAPITAL −

50

Denken in Relationen: Der Sozialraum

Natürlich geht es bei der Konstruktion des Sozialraums um statistische Daten. Diese lassen jedoch erkennen, wo sich im Raummodell Angestellte, Techniker, Lehrer, Hochschullehrer, Facharbeiter, Ingenieure, Landarbeiter usw. tummeln. Es tauchen bei Bourdieu Analogien zu einer Landkarte auf, wonach (ebenso wie Süddeutsche mit höherer Wahrscheinlichkeit andere Süddeutsche kennenlernen) Nähe und Abstände auf die Wahrscheinlichkeit hinweisen, mit wem man was zu tun hat. Doch im Gegensatz zur direkten Nachbarschaft im physischen Raum sind die sozialen Abstände häufig anders gelagert, daher handelt es sich nur um einen bildhaften Vergleich. Der Adlige aus X kann mit dem Adligen aus Y bspw. mehr Kontakt haben als mit den Einwohnern aus der eigenen Ortschaft. Es spielen eben nicht (nur) räumliche Nähen eine Rolle, sondern auch soziale.

> Ach, Sie mögen ebenfalls das Segeln und Champagner?! Das ist ja ein schöner Zufall!

> Die Unterscheidung zwischen relationalem und substantialistischem Denken hat Bourdieu übrigens von mir übernommen, dem Philosophen und Anthropologen Ernst Cassirer.

Der Sozialraum ermöglicht einen Überblick, der zum Denken in Relationen anregt. Akteure und ihr Kapital werden nicht mehr substantialistisch „für sich" betrachtet, sondern es soll ein Bewusstsein dafür geschaffen werden, dass Präferenzen, Sichtweisen usw. an eine spezifische Position gekoppelt sind, die man im Sozialraum einnimmt und die in Differenz zu anderen Positionen bestimmt wird. Um diese Denkweise vollends zu verstehen, die sich unter anderem gegen Vorstellungen richtet, dass soziale Unterschiede in modernen Gesellschaften nicht mehr spürbar seien, muss nun der Blick auf den **Raum der Lebensstile** erweitert werden, der vor allem symbolische Ordnungsprinzipien und Klassifikationsmechanismen behandelt, und wie diese Hierarchien legitimieren. Es geht also um die Beziehung zwischen sozialen Unterschieden, Positionen und Dispositionen (Habitus).

Eine Frage des Geschmacks: Der Raum der Lebensstile

Die Studie erhebt des weiteren Daten über jene Dinge, die wir allzu gern als „individuelle Geschmackssachen" verstehen. Es geht um Musik, Hobbies, welche Zeitschriften und Bücher gelesen werden, wie oft man ins Theater oder ins Kino geht und was man sich dort aus welchen Gründen ansieht. Auch Lieblingsspeisen und Getränke sind von Interesse. Ordnet man diese Daten im Sinne der *Korrespondenzanalyse* auf ein gleichermaßen konstruiertes Datenkreuz, so kann man den daraus konstruierten **Raum der Lebensstile** wie eine Folie über dem **sozialen Raum der Positionen** schieben, um zu zeigen, welche Gruppierung sich für welche Praktiken und Güter interessieren.

Hier ergeben sich nun Homologien. So sehen sich Volksschullehrer (statistisch) lieber impressionistische Kunst an, während Arbeiter gerne Gemälde haben, „die ihnen etwas sagen". Beim Sport liegt der Trend bei Lehrern im Schach und Bergsteigen; bei Führungskräften im Golf, Tennis und Wasserski; Arbeiter hingegen mögen Fußball, Rugby und gehen Angeln.

Ah, eine monochrome, weiße Leinwand! Abstrakt?

Nein, nein. Das ist gegenständlich: Eine Schneelandschaft auf weißem Hintergrund ...

Die Leinwand ist nicht weiß, die ist einfach nur leer!

Ich liebe Raimund Girke!

Ausgehend von einer sozial hierarchisierten Gesellschaft vertritt Bourdieu nun die Theorie, dass Geschmack zum Kriterium für Ausschlussmechanismen wird: *der Lebensstil wird zu sozialer* **Distinktion** *genutzt*. Was man schön oder hässlich, gut oder schlecht findet, kann entscheidend dafür sein, ob man von anderen akzeptiert oder abgewiesen wird. Hobbies, Kleidung und Lieblingsspeisen sagen etwas darüber aus, wer „Ahnung" hat, mit wem man spricht, wen man in einen Club einlädt usw. Die Art und Weise, wie jemand sich bewegt, wie jemand sitzt, wie jemand lacht ... Alles kann zur Klassifikation genutzt werden. Ebenso kann das gleiche Verhalten je nach Klassenzugehörigkeit normal oder sonderbar wirken. Extremformen stellen das Besondere, das Exklusive, das *Distinguierte* einerseits und das Gewöhnliche, das Allgemeine, das *Vulgäre* andererseits dar. **Klasse sein** geht einher mit **Klasse haben**.

Eine Frage des Geschmacks

Das Denken in symbolischen Relationen wird in der Kultursoziologie oft genutzt, um das *Funktionieren sozialer Unterschiede* zu beschreiben. ‚Eigene' Identität konstituiert sich in Abgrenzung zum ‚Anderen'. Der weiße Europäer gewinnt seine überlegene Selbstwahrnehmung über rassistische Abgrenzung zu (imaginären) Bildern vom „schwarzen Wilden", der „starke, kultivierte Mann" gegenüber der „verweichlichten, natürlichen Frau".

> Achtung, Herr von Theodor! Ich kooooome!

> Ich muss die Sportart wechseln: Jetzt trifft man auf der Piste schon die Affen, die einem für gewöhnlich den Kaffee kochen.

Auch Klassenidentität funktioniert laut Bourdieu über solche Mechanismen. Dabei sind natürlich Verschiebungen möglich, wobei deutlich wird, wie sich das relationale/strukturale vom substantialistischen Denken im Sinne einer automatischen Verbindung zwischen Position und Lebensstil unterscheidet: Praktiken sind austauschbar, solange sie zur symbolischen Unterscheidung dienen. So waren beispielsweise das Boxen und das Skifahren einst Sportarten, die dem aristokratischen Stand vorbehalten waren. Sobald die Masse ebenfalls Interesse daran fand, verkümmerte das Interesse beim Adel. Auf den Skipisten zog er sich zurück und suchte sich Refugien, in denen nur ausgewählte Clubmitglieder Eintritt erhielten.

Dies soll natürlich nicht heißen, dass konkrete Hobbies den einzelnen Menschen nicht wirklichen Spaß machen. Dennoch will das strukturale Denken zeigen, dass auch Praktiken und Güter (vor allem Luxusgüter!) dazu dienen, sich von anderen Menschen abzugrenzen. Da dies auf symbolischer Ebene variabel ist, können Dinge, die in einem Land für Distinguiertheit stehen, in einer anderen Nation durchaus klassenübergreifend Allgemeingut sein. Auch hier muss man kontextabhängig und relational denken. Mögen die Daten also erst einmal recht französisch aussehen, so sind doch die Grundannahmen zur symbolischen Unterscheidung laut Bourdieu gültig für alle hierarchisch gegliederten Gesellschaften.

Der Einfluss der Herkunft

Geschmacksurteile sind somit keineswegs eine individuelle Angelegenheit. Die Daten sprechen dafür, dass die Klasse, in der man aufwächst, entscheidend dazu beiträgt, was für einen Geschmack man entwickelt und welche Dinge man als angemessen oder unangemessen empfindet. Während die Tischsitten in der Arbeiterfamilie sich auf ein: „Nimm die Mütze ab beim Essen!", reduzieren können, kann eine Erziehung in der höheren Klasse eine regelrechte Disziplinierung nach sich ziehen: Gerade sitzen, Brust raus, langsam und geziemt essen, nicht schmatzen, nicht rülpsen. Ebenso wird eine Wissensvermittlung mitgegeben, die in den unteren Schichten keinerlei Sinn machen würde. Man denke an das Bild vom Dinner, bei dem links und rechts vom Teller jeweils bis zu vier, sechs oder acht verschiedene Bestecke zu finden sind, wobei der Uneingeweihte nicht weiß, wann und wozu was gebraucht wird.

Hingegen wird der Geschmack der unteren Klassen von Bourdieu als **Notwendigkeitsgeschmack** bezeichnet: Die Frage der Ernährung, der Kleidung und des Freizeitvergnügens ist im Vergleich zu den höheren Klassen durch ökonomische Grenzen eingeschränkt, was auch Einfluss ausübt auf die Entwicklung des Geschmacks und die Wahrnehmung und Beurteilung von Kultur. Der Notwendigkeitsgeschmack, die *amor fati* (Liebe zum Schicksal) verweist auf Bourdieus Vorsicht gegenüber einer Verherrlichung der unteren Klassen. Die Verknüpfung von kultur- und machtsoziologischen Gedanken zeigt, dass die logische Praxis der Akteure aus den unteren Klassen eher auf eine Anerkennung symbolischer Unterschiede hinaus ist, die sich allerdings durch eine Negation äußert: „Das Luxuriöse ... Hohe Kunst ... Kultur ... Das ist alles nichts für uns!"

Der Einfluss der Herkunft

In den Ergebnissen der Studie verliert die Kultur ihre selbstgenügsame Unschuld. Geschmack und kulturelle Praktiken symbolisieren nicht nur soziale Ungleichheiten, sie reproduzieren sie auch durch Ein- und Ausschlussverfahren. Dies geschieht nicht selten auf unbewusster Ebene. Hier kehren wir zu den systematischen Grenzen des Habitus mit den in ihm angelegten Klassifikations- und Handlungsschemata zurück. Der differenzierte Habitus ist ein Produkt der Position im Sozialraum, und tendiert selbst wieder zum Differenzieren. Der Arbeiter mag auf der Straße nicht unbedingt verstehen, warum die schick gekleidete, aufrecht gehende Dame ihm abweisende Blicke zuwirft. Ja, die Dame selbst muss sich keineswegs darüber explizit bewusst sein, dass es nicht nur die schäbige Arbeitskleidung ist, die ihr „vulgär" erscheint, sondern auch die Gestik und die Mimik dieses Kerls, der billige Haarschnitt, die schlechte Rasur, das unkontrollierte Stöhnen beim Gedanken, morgen wieder Schuften zu gehen und vieles mehr. Die Abklassifikation vom „Vulgären" wiederum ist Basis für das eigene Gefühl des Distinguiertseins.

Neben bewussten Formen der Abgrenzung geht Bourdieu davon aus, dass die Schemata des Beurteilens und der Klassifizierungen uns alle in Leib und Blut übergehen. Häufig wissen wir nicht genau, warum eigentlich einige Menschen uns als angenehm oder als störend auffallen. Die feinen Unterschiede werden von uns wahrgenommen, mit all der darin liegenden *symbolischen Gewalt*. Entscheidend ist, dass uns die **Klassifikationsschemata** des Alltagsverstandes von früh an von unserem Umfeld mitgegeben werden, ohne dass wir hinterfragen, wie stark unsere Art und Weise zu denken, zu klassifzieren und wahrzunehmen von außen mitbestimmt wird.

Soziale Klassen nach Bourdieu

Begründet auf die Aspekte *Lebensbedingungen*, *Habitusformen* und *Lebensstil* werden von Bourdieu drei Hauptklassen konstruiert: die herrschende Klasse, die Mittelklasse und die Volksklasse.

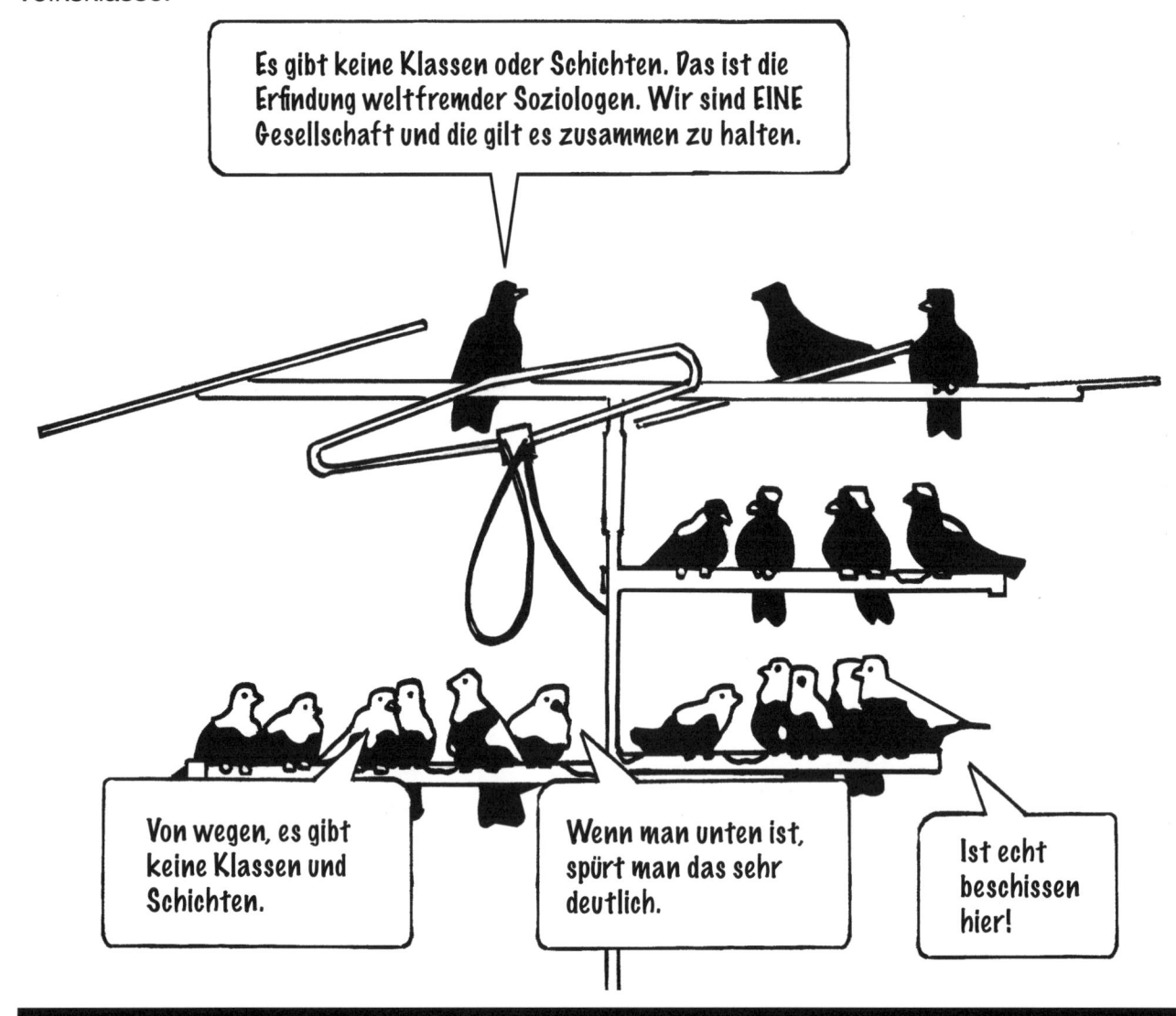

> Es gibt keine Klassen oder Schichten. Das ist die Erfindung weltfremder Soziologen. Wir sind EINE Gesellschaft und die gilt es zusammen zu halten.

> Von wegen, es gibt keine Klassen und Schichten.

> Wenn man unten ist, spürt man das sehr deutlich.

> Ist echt beschissen hier!

Exkurs: Max Weber (1864-1920)

Weber gilt als *der* Klassiker der deutschen Soziologie. Entgegen der Diskussionen zwischen Weberianern und Marxisten zu Bourdieus Lebzeiten war Weber dem Denken Marx' keineswegs abgeneigt, zählt diesen (neben Nietzsche) sogar zu den größten Einflüssen auf sein Denken. Allerdings erweiterte er den Blick auch auf Aspekte (z.B. Religion und Kultur), die Marx – so Bourdieu – den Idealisten überlassen hatte. Nicht zuletzt mit dem soziologischen Klassiker *Die protestantische Ethik und der Geist des Kapitalismus* hatte Weber kulturelle Aspekte in den Blick genommen, z.B. bei der Frage, unter welchen soziokulturellen Bedingungen sich der Kapitalismus im Okzident entwickeln konnte.

Soziale Klassen nach Bourdieu

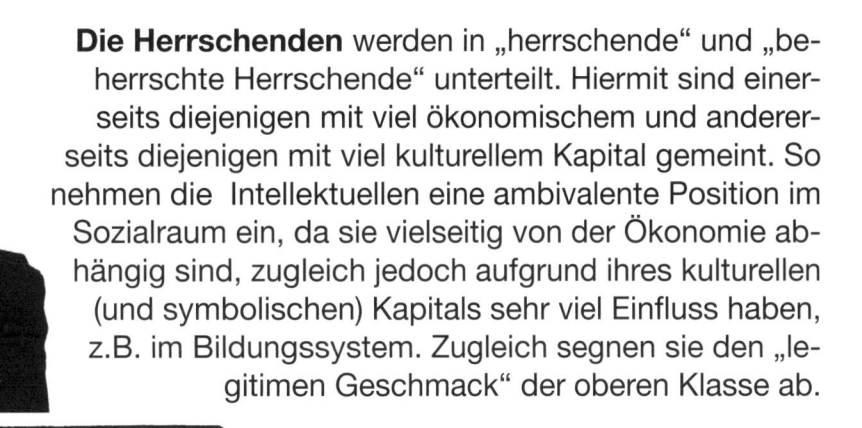

Die Herrschenden werden in „herrschende" und „beherrschte Herrschende" unterteilt. Hiermit sind einerseits diejenigen mit viel ökonomischem und andererseits diejenigen mit viel kulturellem Kapital gemeint. So nehmen die Intellektuellen eine ambivalente Position im Sozialraum ein, da sie vielseitig von der Ökonomie abhängig sind, zugleich jedoch aufgrund ihres kulturellen (und symbolischen) Kapitals sehr viel Einfluss haben, z.B. im Bildungssystem. Zugleich segnen sie den „legitimen Geschmack" der oberen Klasse ab.

Aber ich, Sartre, bin doch auf der Seite der Unterdrückten ... ?!

Was ist Metaphysik?

Die Mittelklasse setzt sich zusammen aus dem absteigenden, dem exekutiven und dem neuen Kleinbürgertum. Diese Klasse wird vor allem durch den „prätentiösen Geschmack" definiert, der sich im Bildungseifer und Strebsamkeit zeigt, womit man sich von der Volksklasse distanzieren möchte.

Ist das Kunst oder kann das weg?

Auf den „Notwendigkeitsgeschmack" wurde bereits hingewiesen, wonach **die Volksklasse** aus der Not heraus eine Abgrenzung gegenüber Gütern zeigt, die man nicht verstehen bzw. sich leisten kann: „Wir sind zufrieden, alles andere ist Träumerei!"

Hi, hi ... sehr gut!

Insgesamt bildet der Sozialraum laut Bourdieu nur eine Abstraktion der ständigen sozialen Kämpfe ab. Klassen existieren vorerst nur „auf dem Papier" und müssen nichts mit realen Akteuren zu tun haben. Erst wenn diese Symbole und Slogans nutzen und sich aufgrund ihrer sozialen Nähe und Bedürfnisse gemeinsam zum Handeln entschließen, kann von „mobilisierter Klasse" gesprochen werden. In diesem Sinne können auch feministische Gruppen oder Migranten, die für bessere Lebensbedingungen kämpfen, als Klassen bestimmt werden.

Selbstzweifel

In verschiedenen Zusammenhängen spricht die Literatur davon, Bourdieu habe einen zwiespältigen, „gebrochenen Habitus". Wie schon erwähnt, hat Bourdieu seinen Heimatort im Béarn mit einer gewissen Erleichterung verlassen: Erleichterung in Bezug darauf, einem provinziellen Leben zu entgehen und die Wege durch alle je nach Lebensphase erwünschten wissenschaftlichen Institutionen gehen zu können. Andererseits fällt dieses Leben und die Frage nach dem Nutzen akademischen Prestiges stets mit einem Schuldgefühl gegenüber seiner Herkunft und einer immer wieder auftauchenden Distanz gegenüber der Welt der Intellektuellen zusammen. Hierdurch erklärt er selbst auch seine Abscheu, sich wissenschaftlichen und politischen Trends anzuschließen, wie es in „Soziologischer Selbstversuch" heißt:

> Die intellektuelle Welt, die sich doch zutiefst frei von allen gemeinen Regeln glaubt, schien mir immer von einem abgrundtiefen Konformismus beherrscht, der mich seit jeher ziemlich abgestoßen hat. Dieselbe starrsinnige Haltung gegenüber allen Einordnungsversuchen und Anpassungszwängen war dafür verantwortlich, daß ich mich fast immer im Widerspruch zu den beherrschenden Richtungen des Feldes bewegte ...

> ... bei meiner Forschung ebenso wie im Hinblick auf meine politischen Stellungnahmen, etwa ganz offen weberianisch oder durkheimianisch, wenn es zwingend schien, sich als Marxist zu bestimmen.

Bourdieu wendet sein relationales Denken ebenso radikal auf sich an, wie auf andere Forschungsobjekte und ist keineswegs darauf aus, sich in irgendeiner Hinsicht als „freien Intellektuellen" zu stilisieren. Auch sein eigenes Denken ist Produkt eines spezifisch soziohistorischen Kontextes innerhalb der akademischen Welt.

Selbstzweifel

In der Gespaltenheit seines Habitus flieht Bourdieu von einem Extrem ins nächste, fasst einige Verhaltensweisen seinerseits als „stolz und sogar ein wenig herrisch" auf, während er beim nächsten Mal wieder Vorsicht und Bescheidenheit walten lässt. Gerade innerhalb des wissenschaftlichen Raumes entwickelt sich bei ihm ein Misstrauen gegenüber dem Drang seiner Kollegen, sich selbst, das eigene Wissen und die eigene Position zur Schau zu stellen; während seiner Lehrveranstaltungen nimmt Bourdieu für sich in Anspruch, ganz bewusst alle Formen jener *happenings* zu vermeiden.

> Puh, die Stunden bei Dr. Prof. Herfried „Schwafel" Dünkler sind immer die schlimmsten ...

> Bla, bla, bla, wie ich und Nietzsche übereinstimmen ... bla, blub, bla ...

Am intensivsten spürt Bourdieu die Widersprüche seines Habitus in der Zeit vor seiner Berufung ans Collège de France. Er ist befallen von dem Gefühl, „gänzlich unwürdig zu sein, nichts zu sagen zu haben, das es verdiente, gesagt zu werden, vor jenem Gericht, sicher dem einzigen, dessen Urteil ich anerkannt hätte." In diese Gefühle der Unwürdigkeit mischen sich zudem tiefe Schuldgefühle. Kurz vor dem Antritt an diesem Ort höchster akademischer Weihen verstirbt Bourdieus Vater, ein Ereignis, das Bourdieu wie eine böse Vorahnung, wenn nicht gar als Strafe des Schicksals in Bezug auf seinen schon vor Jahren gefällten Entschluss, seine Familie, ihre Traditionen und ihre Lebensweise hinter sich zu lassen, vorkommt. Bourdieu: „Und selbst wenn ich weiß, daß er damals sehr stolz und glücklich war, knüpfe ich eine fast magische Verbindung zwischen seinem Tod und der Ankündigung eines Erfolges, der sich jetzt wie eine Mischung aus Anmaßung und Verrat ausnahm. Nächte der Schlaflosigkeit."

Am *Collège de France*

1982 erreicht Bourdieu mit der Berufung ans *Collège de France* den Gipfel seiner akademischen Laufbahn. Diese Institution, die 1530 gegründet worden war, lässt sich als Ausnahmeinstitution bezeichnen, da sie einige Vorteile gegenüber der Pariser Universität besitzt und als Raum für eine möglichst freie Wissenschaft betrachtet werden kann. So vergibt das Collège zwar keine Titel, jedoch sind Lehrpläne ziemlich breit und intensiv gehalten. Eine freie Forschung wird über wissenschaftliche Prüfungen gestellt, die es hier nicht gibt.
Unzählige Theoretiker, denen Bourdieu sich verbunden fühlte, sind und waren hier vor ihm tätig. So Marcel Mauss, Claude Lévi-Strauss, das enfant terrible der französischen Intellektuellen Michel Foucault, der in Buchenwald systematisch zu Tode gequälte Soziologe Maurice Halbwachs sowie der „Allroundintellektuelle" Roland Barthes. Alles Namen, die auf das Engste mit der Geschichte des Strukturalismus und Poststrukturalismus verbunden sind.

> In die Soziologie tritt nur ein, wer die Bande und Verhaftungen löst, die ihn gemeinhin an eine Gruppe binden, wer den Glaubensüberzeugungen abschwört, die unabdingbar sind, um dazuzugehören ...

Trotz jahrelanger Weigerung, als Bewerber für das Collège aufgestellt zu werden, lässt sich Bourdieu schließlich überzeugen, endlich anzutreten. Er wird angenommen. Um dem tiefen Misstrauen sich selbst gegenüber nicht zu entfliehen, sich damit auseinanderzusetzen, dass mit seiner Entscheidung, die Stelle am Collège anzunehmen, ein tiefer Einschnitt in seinem Selbstbild vollzogen wird, nimmt Bourdieu sich vor, die Antrittsvorlesung selbst zum Thema zu nehmen. Indem der Augenblick, der eigentlich als festliches Ereignis in der akademischen Welt zu verstehen ist, einer Analyse unterzogen wird, droht das Ereignis als nichts anderes denn ein Theaterstück der intellektuellen Welt zu erscheinen.

Am *Collège de France*

Diesen „beispiellosen Akt sozialer Barbarei", wie Bourdieu seinen Antritt im Nachhinein bezeichnet, vollzieht er vor der versammelten Mannschaft von Freunden, Weggefährten und eigenen Lehrern. Lévi-Strauss, Foucault, George Dumézil sind anwesend, für den Vortragenden eine „schreckliche Prüfung". Mittendrin vom Bedürfnis erfasst, sich zu unterbrechen und einfach zu gehen bringt Bourdieu das ganze „mehr schlecht als recht zu Ende. Danach fühle ich mich furchtbar elend, eher wegen des Eindrucks, zu viele Schnitzer als einen Verstoß begangen zu haben." Bourdieus Auseinandersetzung mit seiner Rolle am Collège als späte „Rebellenphase" eines mittlerweile über Fünfzigjährigen zu fassen, wäre jedoch verkürzt.

> Eine Soziologie des Collège de France zu erarbeiten, sich unter soziologischen Gesichtspunkten zu fragen, was es bedeutet, am Collège de France eine Antrittsvorlesung zu halten, bedeutet in meinen Augen: in dem Augenblick, in dem man den Zwängen unterliegt, auf die Möglichkeit von Freiheit zu verweisen.

Auch bescheinigt Bourdieu dem Insitut seinen Respekt, indem er schreibt, dass dieser „Ort der Häretiker" die einzige Institution sei, deren Kritik er Anerkennung zu zeigen bereit sei. Nach der Vorlesung bleibt Bourdieu allein mit zwei alten Mitschülern aus seiner Gymnasialzeit in Pau, plappert erst einmal vor sich hin, bis er sich wieder beruhigt hat. In Erinnerung beschreibt er seine Tat, anzugreifen, was ihm selbst Ruhm einbrachte, als eine gewisse Schizophrenie. „Und dies war nicht das einzige Mal im Laufe meines Lebens, daß ich den Eindruck hatte, von einer höheren Macht zu etwas gezwungen zu werden, was mich unendlich viel kostete und dessen Notwendigkeit nur von mir empfunden wurde."

Bourdieu, der Nestbeschmutzer: Vom Ende der Selbstzensur

Wie tief die Empörung über Bourdieus „Entsakralisierung" tatsächlich gewesen ist, muss hier offenbleiben. Tatsache bleibt, dass auch Foucault drei Jahre zuvor in seiner Antrittsvorlesung das Thema „Macht" auf die Wissenschaft angewendet und sich kritisch mit der Frage auseinandergesetzt hatte, inwiefern der akademische Raum durch sich selbst Autoritäten hervorbringt, deren Namen und Titel allein dafür entscheidend sein können, ob eine Aussage als ernst zu nehmend oder als überflüssig erachtet werden kann. Mit anderen Worten: Gerade im Umfeld der Pariser Intellektuellen – bereits vor Bourdieus Inauguration – war eine intellektuelle Debatte darüber aufgebrochen, inwiefern sich die Wissenschaft auf Wahrheiten, Theorien und Namen beziehen kann, ohne sich selbst dabei einer Kritik zu unterziehen. Die „Reinheit" der Wissenschaft wird längst nicht mehr unhinterfragt hingenommen. Und auch das Bild des Intellektuellen und seine Macht, seine Position, irgendwelche Dinge als Wissen oder als Wahrheiten zu verbreiten, ist bereits Thema bei Denkern wie Michel Foucault, Jacques Derrida und Jean-François Lyotard gewesen, die heile Welt der Akademie schon von anderen Intellektuellen ins Wanken gebracht worden.

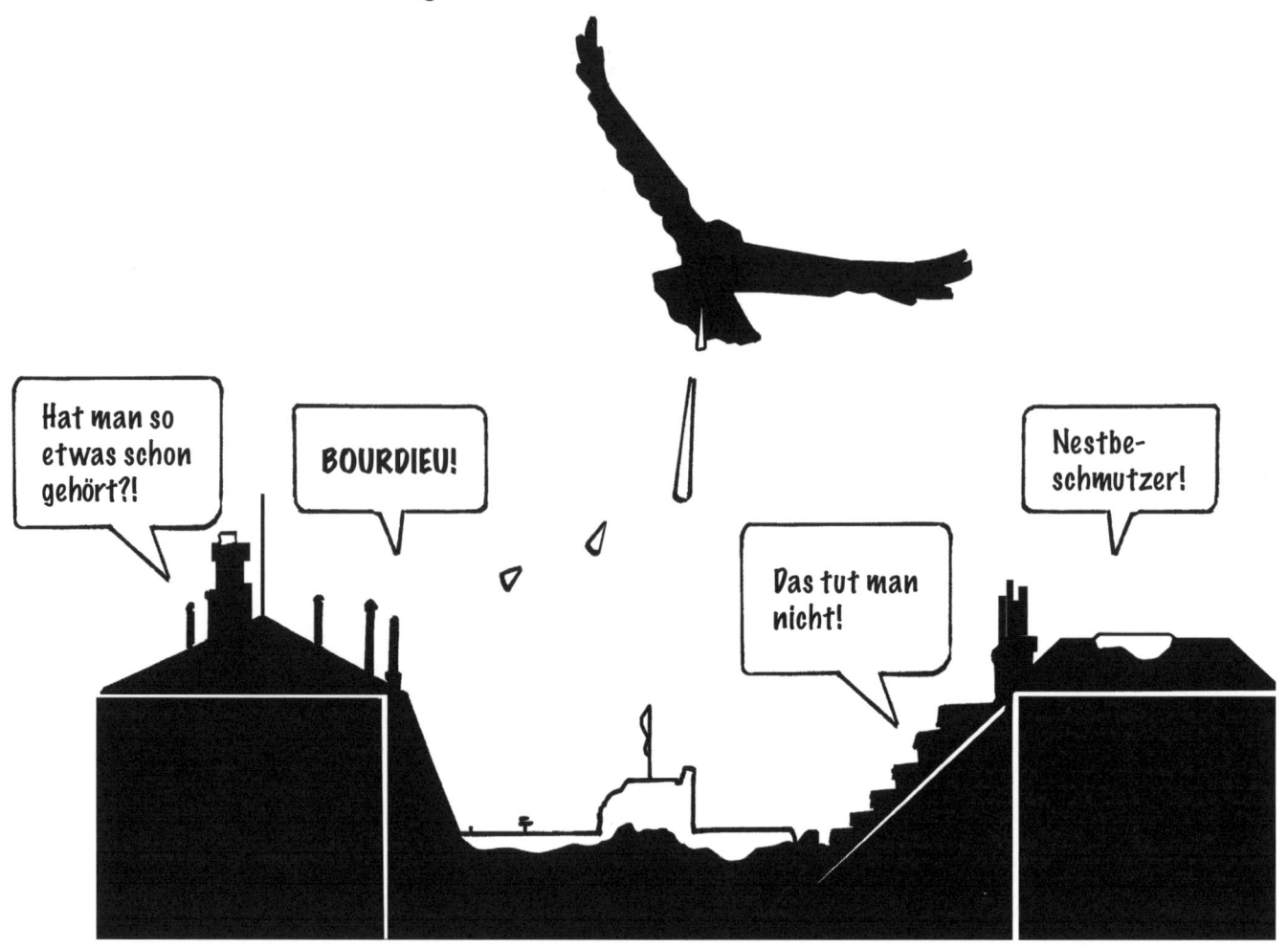

Jedoch haben vermutlich wenige die Wut auf eine „Entweihung" des akademischen Raumes so schwer zu spüren bekommen, wie Bourdieu. In seinem Buch *Homo academicus*, das 1984 erscheint, prüft er u. a., wie die Strukturen und sozialen Beziehungen in den Bildungsstätten zur Bevorzugung oder zur Benachteiligung sozialer Akteure führt, ein Buch, das mit der Vorstellung aufräumt, die Verteilung akademischer Titel und Erfolge sei auf eine Ethik der freien, „reinen" Wissenschaft zurückzuführen.

Bourdieu, der Nestbeschmutzer: Vom Ende der Selbstzensur

In den 1990er Jahren setzt er sich noch einmal kritisch mit den Eliteschulen auseinander, in dem Buch *Der Staatsadel* weist er die Reproduktionsmechanismen in den höheren Bildungseinrichtungen nach, die sich auch auf wirtschaftliche und politische Strukturen auswirken bzw. davon beeinflusst sind. Auch hier werden unzählige Selbstverständlichkeiten der Bildungseinrichtung, wie zum Beispiel die Vorstellung von der Unparteilichkeit, einer Kritik unterzogen. Für den *Homo academicus* wird Bourdieu später von verschiedenen Personen als „Nestbeschmutzer" beschimpft.

> Ich glaube, die Soziologie ist ein Störenfried. Damit ruft sie mitunter Gegenreaktionen auf den Plan, das ist manchmal ein bisschen anstrengend. Allerdings haben besonders die politischen Attacken gegen die Soziologie die Eigenschaft, widersprüchlich zu sein. Alles in allem würde ich sagen, die Soziologie ist nicht immer leicht zu leben.

Häme erfährt er außerdem für ein Buch, das 1993 erscheint, nämlich *Das Elend der Welt*. Diesem Werk gegenüber tauchen nicht selten Stimmen auf, die unterschwellig danach fragen, warum jemand wie Bourdieu, der es in die höchsten Höhen der intellektuellen Elite geschafft hatte, sich immer noch die Zeit nehme, sich eher „vulgären" und unwürdigen Gegenständen zu widmen. In diesem Falle den einfachen Menschen auf der Straße, in Pariser Vororten, Arbeitslosen, Sozialhilfeempfängern, Migranten und noch vielen anderen. Kurz nach Veröffentlichung des Buches gesteht Bourdieu, obwohl er aus seiner politischen (linken, macht- und herrschaftskritischen) Position nie ein Geheimnis gemacht hat, sich doch im Laufe der Jahre allzu oft einer Selbstzensur unterworfen zu haben. Damit sollte Schluss sein. Bevor wir jedoch darauf eingehen, hier einen Einblick in Bourdieus *Elend der Welt*.

Ausschreitungen in den Vororten

Ende der 1980er Jahre machte der Begriff der „sozialen Malaise" in der französischen Medienlandschaft die Runde. Auslöser waren einige spektakuläre Streikbewegungen und ein neuer Höhepunkt von Ausschreitungen in den Pariser banlieues. Die Vororte werden oftmals (jedoch nicht immer sehr differenziert und daher soziologisch fragwürdig) als Sinnbild sozialer Brennpunkte konstruiert.

Das haben sie davon!

Gewalttätige Ausschreitungen spielen bereits seit Jahrzehnten eine auffällige Rolle und äußerten sich auf besonders drastische Weise zuletzt im Herbst 2005 aufgrund des Todes zweier Jugendlicher im Zusammenhang mit einer Polizeiverfolgung und einer provokativen Äußerung des damaligen Innenministers Nicolas Sarkozi, wonach man sinngemäß die Straßen vom Gesindel befreien solle. Die Folge waren unzählige brennende Autos, Straßenschlachten mit der Polizei, demolierte Geschäftsläden, die Zerstörung von Bussen und der Metros, die die Innenstädte und die banlieues miteinander verbinden. Bis in die 1980er Jahre werden viele Formen des Protestes von den Menschen gezielt genutzt, um auf ihre Misere aufmerksam zu machen. Danach betritt eine neue Generation die Bühne: Eine von hoher Arbeitslosigkeit betroffene Jugend, die sich zumeist aus Söhnen von Zuwanderern aus Algerien und dem Maghreb zusammensetzt und aufgrund ihrer Herkunft in mehrfacher Hinsicht ausgegrenzt ist. In diesem Kontext weichen traditionelle politische Forderungen immer mehr einem Frust, nicht an den modernen Konsummöglichkeiten teilnehmen zu dürfen und einer größeren Freude, sich Katz- und-Maus-Spiele mit der Polizei zu liefern.

Das Elend der Welt

1989 tritt eine staatliche Institution an Bourdieu mit der Anfrage heran, eine Studie zur „sozialen Malaise" durchzuführen. Bourdieu beschließt mit seinen Mitarbeitern eine eigene Konzeption der Forschungsmethoden zu entwickeln. Ihm geht es darum, den betroffenen Personen einen relativ freien Raum zu geben, um über ihre Nöte, Sorgen, ihre Wut und ihre Erfahrungen zu berichten, ohne hierbei Vorurteile unreflektiert zu reproduzieren. *Das Elend der Welt* lässt sich als Gegendiskurs begreifen, als **Repräsentationsarbeit** „von unten", womit gemeint ist, dass denjenigen Personen, über die bzw. von denen normalerweise im politischen und medialen Diskurs gesprochen wird, die Möglichkeit geschenkt wird, selbst zum Subjekt der Repräsentation zu werden.

Oui, mais c'est zarb ...

Auffällig ist, dass die Studie im Vergleich zu vielen anderen Schriften Bourdieus weniger sperrig verfasst und nicht mit quantitativen Daten überladen ist. Der Verzicht auf eine theoretisch hochgestochene Sprache lässt sich mit dem Forschungsanspruch in Verbindung bringen: Ebenso, wie es darum ging, den vom öffentlichen Diskurs Ausgeschlossenen einen Raum zum Sprechen anzubieten, sollte mit der Veröffentlichung der Studie ein Schreibstil vermieden werden, welcher diese Personen nur erneut ausgeschlossen hätte.

Etwa 25 Mitarbeiter arbeiteten an dem Werk mit. Der Einfluss ehemaliger Studien floss mit in die Arbeit ein. So setzte sich Michel Pialoux schon lange mit der Geschichte der Peugeot-Werke und der Gewerkschaften auseinander; Patrick Champagne gilt als Kenner des französischen Journalismus; Rémi Lenoir forschte zuvor zum juristischen Feld während Abdelmalek Sayad Studien zum Leben von Migranten aus dem Maghreb und Algerien lieferte. Das Kapitel Loic Wacquants setzt sich als mit einem Chicagoer Ghetto auseinander.

Das Elend der Welt

Als ethischen Leitspruch setzt Bourdieu zu Beginn des Buches in die Einführung für den Leser ein Zitat Spinozas: „Nicht bemitleiden, nicht auslachen, nicht verabscheuen, sondern verstehen." Eine breite Gruppe von Menschen der französischen Gesellschaft wird befragt: Arbeiterfamilien, Migranten, Jugendliche, Sozialhilfeempfänger, Jugendliche, Streetworker, eine Polizistin, ein Richter und viele mehr.

Den Kapiteln sind Texte vorangestellt, welche einen allgemeinen Überblick zu den jeweiligen Themen bietet. Die Interviews selbst sind mit „Rahmungen" versehen, welche dazu dienen, einen Bezug zwischen der Sichtweise der Probanden und den objektiven Strukturen herzustellen. Auf diese Weise ermöglicht es die Studie, die Perspektive der Befragten in gesellschaftliche und historische Kontexte einzuordnen. Das Team um Bourdieu bietet den Sprechenden der Studie niemals nur einen freien Raum zum Sprechen, sondern leistet an den Punkten Hilfestellung, an denen die subjektive Sichtweise Widersprüche, Verkürzungen und Fragen übersieht oder verdrängt, um die „Mängel" der persönlichen Sichtweise um das Wissen soziologischer Forschung zu ergänzen. Diese wissenschaftliche „Korrektur" verdeutlicht um so mehr, wie oft das erlebte Elend nur zu geringem Teil von den Betroffenen verstanden wird, wie die Betroffenen die Schwierigkeiten verdrängen oder als so erdrückend wahrnehmen, dass durchaus vorhandene Möglichkeiten zur Verbesserung der Situation hinter Resignation verschwinden. Die Hoffnungslosigkeit ist allerdings nicht völlig unbegründet: Sie zeigt sich auch in der Beziehung zwischen „physischem" und „symbolischem" Raum. Die Bewohner der banlieues sind nicht nur aufgrund der Distanz zu den Großstädten sozial abgeschnitten; die Orte selber „entwerten" auf dem Arbeits- und auf dem Bildungsmarkt. Sie gelten als Grundlage für die Außenwelt, die Banlieusards zu stigmatisieren und zum Opfer von Vorurteilen zu machen, vor allem von Rassismen.

Das Elend der Welt

Die veröffentlichte Studie bietet einen vielschichtigen Blick auf die französische Gegenwartsgesellschaft, in der Formen sozialer Schließung und Ausschließung, soziale Kämpfe und aufeinanderprallende Sichtweisen verdeutlicht werden, begründet auf soziale, politische und ökonomische Entwicklungen, die an individuellen Formen des Elends und existentieller Angst verdeutlicht werden, die sich wiederum in Prekarisierung und sozialer Verunsicherung niederschlagen.

Es handelt sich um ein politisches Buch, dessen aufklärerischer Versuch, die von Diskursen Ausgeschlossenen und ihre Nöte und Sorgen zu präsentieren, von Bourdieu und seinen Mitarbeitern gezielt mit dem Gedankengang konzipiert worden ist, dass das, was die Sozialwelt hervorgebracht hat, die Sozialwelt auch wieder abschaffen kann.

Das Elend der Welt scheint bei seiner Veröffentlichung im Feburar 1993 in Frankreich einen Nerv in der Bevölkerung getroffen zu haben. Bis zum Ende des Jahres waren fast 100.000 Exemplare verkauft, was für eine Studie dieses Ausmaßes (knapp 1000 Seiten) ziemlich selten ist. Zudem inspirierte die Studie auch andere Forschergruppen in Europa dazu, nach gleichem Vorbild prekäre Lebenserfahrungen in anderen Ländern, u.a. Österreich, der Schweiz, Griechenland und Spanien zu präsentieren. Für den deutschen Raum legte eine Gruppe um Franz Schultheis und Kristina Schulz im Jahr 2005 das Werk *Gesellschaft mit begrenzter Haftung* vor.

Das Feld der Macht

Des Konzept des *Feldes der Macht* wird von Bourdieu unter anderem entworfen, um homogenisierende Vorstellungen einer „herrschenden Klasse" zu vermeiden. Statt dessen geht es um strukturelle Effekte von Kämpfen zwischen Feldern und Kapitalsorten. Umrisse zu diesem Konzept finden sich in *Praktische Vernunft* und *Der Staatsadel*.

Das Feld der Macht ist nicht identisch mit dem politischen Feld oder dem Staat. Der Begriff verweist darauf, dass sich Akteure und Gruppen, die in verschiedenen Feldern herrschende Positionen einnehmen, auch über die Grenzen des eigenen Feldes hinaus aktiv werden müssen, um Macht zu erhalten oder zu akkumulieren. Akteure mit hohem Bildungskapital (z.B. Künstler) müssen immer wieder Kulturräume verteidigen oder erobern, in die von Seiten des ökonomischen Feldes investiert wird. In diesem Sinne spricht Bourdieu davon, dass die Kämpfe im Feld der Macht, Kämpfe um den „Wechselkurs" von Kapitalsorten sind. Diese Kämpfe nehmen an Intensität zu, wenn Wechselkurse fallen, Bildungskapital sich beispielsweise nicht mehr so leicht in ökonomisches Kapital umwandeln lässt.

Wenn auch das Feld der Macht nicht mit dem Staat identisch ist, so geht Bourdieu dennoch davon aus, dass der Staat und bürokratische Instanzen zu Zielobjekten der Kämpfe werden, gerade weil der Staat aufgrund seines Monopols symbolischer Gewalt in der Lage ist, durch Investitionen im Feld der Ökonomie oder administrative Maßnahmen im Bildungssektor den „Wechselkurs" zwischen Kapitalsorten mitzubestimmen, „Maßnahmen etwa zur Einwirkung auf die Seltenheit von Bildungstiteln, die den Zugang zu den herrschenden Positionen eröffnen, und damit auf den relativen Wert dieser Titel und der entsprechenden Positionen".

Macht und Herrschaft

> Die herrschenden Gedanken sind in jeder Epoche die Gedanken der Herrschenden.

Nach der strukturalistischen Revolution werden in Frankreich die Begriffe „Macht" und „Herrschaft" mit neuen Konzepten diskutiert. Denker wie Foucault oder Derrida greifen auf den Begriff der **Performativität** des Sprechakttheoretikers J. L. Austin zurück, wonach Sprache das Denken, die soziale Wirklichkeit und die Wahrnehmung gestaltet. Dieser Ansatz wird in kultursoziologische Analysen überführt. Als Beispiel: Reise- sowie Abenteuerliteratur und Ethnographien aus Zeiten des Kolonialismus, die (auch in voller Gutgläubigkeit) vorgaben, „rein beschreibend" zu sein, gestalteten spezifisch rassistische Bilder vom „schwarzen Wilden" mit, die bis heute Wirkkraft haben und sich lange in Literatur und Film widerspiegelten. Schwarze spielten Nebenrollen, waren entweder Kriminelle oder aber die stets nett lächelnden Diener der Weißen.

Besonderen Einfluss hatten die Machttheorien Foucaults. Hiernach wirkt Macht nicht mehr rein unterdrückend, sondern konzentriert sich auch darauf, Menschen und deren Potentiale nutzbar zu machen. Es gilt Subjekte so zu disziplinieren, dass sie ‚in der Lage sind', sich selbst um ein ‚richtiges Leben' zu kümmern, ohne ständig kontrolliert werden zu müssen. Hier liegen Ähnlichkeiten zu Bourdieus Begriff der *symbolischen Gewalt* vor, wonach die Durchsetzung von Klassifikationsprinzipien Machtverhältnisse als selbstevident erscheinen lässt. Ingesamt gehen Bourdieu und Foucault davon aus, dass Macht heute dezentriert ist und Modelle nach dem Schema oben/unten mit personalen und lokalen Zuordnungen verkürzt sind. Machtverhältnisse dringen in alle Bereiche des sozialen Miteinanders ein.

Exkurs: Michel Foucault (1926-1984)

Foucault gehört zu den bedeutendsten Protagonisten des Strukturalismus bzw. Poststrukturalismus. 1981 löste ein von ihm und Bourdieu verfasster Protestbrief eine regelrechte Staatskrise aus: Die Zerschlagung der gewerkschaftlichen *Solidarnocs* war von der sozialistischen Regierung Frankreichs als innere Angelegenheit Polens bezeichnet worden, in die man sich nicht einmischen werde. Dies wurde von Foucault und Bourdieu kritisiert, andere Intellektuelle schlossen sich dem Protest an. Foucaults diskursanalytisches Denken setzt sich mit der Frage auseinander, wie über Sprache Denken, Wissen und Wahrheit organisiert werden; mit Analysen zur Psychiatrie und zum Gefängnis und zur Kaserne wird dem Körper als Ziel von Disziplinierung Aufmerksamkeit geschenkt.

Der Kampf um Worte: Repräsentationsarbeit

> Die Kämpfe zwischen individuellen und kollektiven Klassifikations- und Ordnungssystemen, die auf eine Veränderung der Wahrnehmungs- und Bewertungskriterien der sozialen Welt abzielen, sind eine vergessene Dimension der Klassenkämpfe.

Soziale Kämpfe sind immer auch Kämpfe um Worte, die das Denken beeinflussen. Die diskursive Durchsetzung von sozialen Ordnungs- und Klassifikationsmustern nennt Bourdieu Repräsentationsarbeit. Es geht darum, ob die soziale Welt als selbst-evident erscheint oder ob man die Dinge auch ‚anders' betrachten kann. Wie simpel ein Wort die Wahrnehmung sozialer Verhältnisse verändern kann, zeigt sich z.B. wenn das liebevolle, fürsorgliche Verhalten des Vaters von der Tochter plötzlich als paternalistisch definiert wird.

> Ich verbiete Dir das ja nicht, um Dich zu ärgern. Ich mache mir nur Sorgen!

> Du bist unmöglich, Papa!

Repräsentation übt Macht aus: Benennungsmacht, wie Bourdieu es nennt, und diese ist stark am symbolischen Kapital eines Akteurs gekoppelt. In Talkshows kann ein gepflegtes Äußeres entscheidend dafür sein, dass man als jemand gilt, dessen Worte es wert sind, gehört zu werden. In anderen Fällen sind genaue Titel notwendig, um Dinge als richtig/falsch; vernünftig/unvernünftig; legal/illegal festzulegen. Vor allem staatliche Institutionen haben hohen Einfluss auf die (offiziellen, anerkannten) „Normen". Entscheidungen zur Legalität der Homoehe bspw. (re-) produzieren unterschwellig immer auch Sichtweisen darauf, wie eine Form des Zusammenlebens wahrgenommen wird (als ‚natürlich' oder als ‚a-normal').

Repräsentationsarbeit ist eine Form symbolischer Macht: Ob man Bildungsungleichheit durch ‚Faulheit' und ‚Fleiß', anstatt durch soziale Verhältnisse, erklärt; ob Kriminalität als Folge von Segregation verstanden wird oder als genetisch bzw. kulturell angelegt (bspw. in rassistischen Diskursen); ob der Klimawandel als Ergebnis der Umweltverschmutzung erscheint oder einfach als Naturgeschichte: In allen Fällen geht es darum, politische (De-) Mobilisierung zu fördern oder zu unterbinden.

Der Kollektive Intellektuelle

Etwa mit dem Erscheinen des *Elends der Welt* lässt sich in Bourdieus Leben eine Radikalisierung seines Wunsches erkennen, aktiv in öffentliche Debatten einzugreifen. Bourdieu sieht sich daraufhin polemischen Angriffen von Kritikern ausgesetzt, die in seinem Wandel so etwas wie eine romantisierte Alterssentimentalität erblicken wollen. Allerdings sind bereits seine ersten Arbeiten zu Algerien von einer Kritik am gewaltsamen Rassismus der französischen Kolonialmacht geprägt. Ebenso zieht sich das Thema der sozialen Ungleichheit sowie die Frage nach Macht- und Herrschaftsverhältnissen durch sein gesamtes Werk.

Franz Schultheis, heute Präsident der *Fondation Bourdieu*, wendet sich wiederholt gegen die Vorstellung, den Soziologen Bourdieu in zwei chronologisch abgegrenzte Persönlichkeiten einzuteilen. Vielmehr solle es darum gehen, wissenschaftliche Forschung und Engagement stets als zwei Seiten der gleichen Medaille zu betrachten.

Augenzwinkernd gesteht Bourdieu ein, dass auch das Alter gewisse Freiheiten mit sich bringe, vor allem, wenn man den Gipfel akademischen Ruhms bereits erreicht habe. Eine Veröffentlichung wie *Das Elend der Welt* sei im gegebenen wissenschaftlichen Feld früher so nicht möglich gewesen, so Bourdieu. Mit gewachsen sind auch Bourdieus Ambitionen, europaweite Netzwerke von Wissenschaftlern und Künstlern ins Leben zu rufen, die frei von Zensur in der Lage sein sollten, Kritik an soziale Missstände zu formulieren. Bourdieus Traum ist der des „Kollektiven Intellektuellen".

Globalisierung und Neoliberalismus

In den 90er Jahren machen zwei Begriffe im öffentlichen Diskurs Karriere, welche einerseits für begeisterte Rufe nach Innovation und wirtschaftlichem Wachstum sorgen, andererseits lauten Protest gegen verschärfte Formen von Ausbeutung und weltweiter sozialer Ungleichheit hervorrufen: Die Begriffe *Neoliberalismus* und *Globalisierung*. Ausgetragen wird der Diskurs nicht nur zwischen Politikern, Ökonomen, Journalisten und Wissenschaftlern in abgeschotteten Chefetagen, Messen oder im Fernsehstudio, sondern auch auf der Straße. Frankreich wird Zeuge neuer außerparlamentarischer Protestbewegungen, Nichtregierungsorganisationen (NGOs) formieren sich, Flüchtlingsgruppen mit unsicherem Aufenthaltsstatus (die sogenannten *sans papiers*) fordern Aufmerksamkeit für ihre höchst prekäre Existenz ein. Bourdieu beobachtet mit einer – man könnte sagen – fröhlichen Enttäuschung die Besetzung der *École normale supérieure* durch Arbeitslose, ein praktischer Widerspruch zu seiner früh aufgestellten These, nach der das Subproletariat erfahrungsgemäß zu demoralisiert sei, um sich politisch zu organisieren. Insofern stellt die Arbeitslosenbewegung für ihn ein „einzigartiges, ein außergewöhnliches Ereignis" dar. Der Protest bleibt nicht auf Frankreich beschränkt. Die Gruppe *Attac*, innerhalb derer Bourdieu in der Gründungszeit eine führende Rolle spielt, tritt in Kontakt mit weltweitem Widerstand gegen eine radikale, globale Durchökonomisierung. Anfangs reagiert Bourdieu noch verhalten auf Einladung von Gewerkschaftern, linken Jugendorganisationen und NGOs. Bekannt wird die Rede, die er 1995 am Pariser Gare de Lyon vor streikenden Eisenbahnern hält. Er richtet im Namen verschiedener Intellektueller solidarische Grüße aus und formuliert Gedanken, wie er sich eine Zusammenarbeit zwischen kritischen Wissenschaftlern und einer vom akademischen Raum abgeschiedenen Protestbewegung vorstellt.

Globalisierung und Neoliberalismus

Einen Einblick in Bourdieus politisches Engagement bieten das Buch *Gegenfeuer*. Der Text „Prekarität ist überall" wird auch in Deutschland diskutiert, wobei der Begriff „Prekariat" hier lange Zeit als Synonym für sozial Ausgegrenzte benutzt wurde. Bourdieu hingegen versteht unter Prekarität ein gesamtgesellschaftliches Phänomen, das für Menschen jedweder Position (also nicht nur für Menschen in Armut) neu aufkommende soziale und ökonomische Unsicherheiten spürbar werden lässt. Die Sorge um den eigenen Arbeitsplatz führt zu einer kollektiven Unsicherheit. Psychische Konflikte nehmen zu, solidarisches Verhalten ab. Der Abbau von Arbeits- und Sozialrechten provoziert Ängste, die oftmals nur individuell erfahren werden und somit zur Vereinzelung der Betroffenen führen. Hier versteckt sich auch die alte Ideologie, das „jeder seines eigenen Glückes Schmied sei", unabhängig von objektiven (selektiven) Verhältnissen auf dem Arbeits- und Bildungsmarkt.

Insgesamt warnt Bourdieu vor einer absoluten Vorrangstellung des Marktes. Seine Kritik bleibt jedoch nur relativ radikal: Er fordert im Sinne einer „Realpolitik der Vernunft" eine Ausgeglichenheit zwischen Sozialstaat und Kapitalismus. Entgegen der Annahme, Bourdieu würde mithilfe einer Feldanalyse systematische Entwicklungen der Ökonomie beschreiben, die einen Zwang auf die Akteure ausüben, geht Bourdieu davon aus, dass in der Politik Entscheidungen gefällt werden, die man auch wieder zurücknehmen kann, wenn sie den historischen Errungenschaften des Sozialstaates widersprechen.

Die rechte und linke Hand des Staates

Dem Staat gegenüber hatte Bourdieu eine ambivalente Haltung. Einerseits wendet er sich gegen die Vorstellung, der Staat sei eine nach rationaler Freiheit anerkannte Institution, vielmehr habe der Staat aufgrund seiner symbolischen Macht die Möglichkeit, über die Grundlegung von Klassifikationsmustern und Denkkategorien einen *common sense* zu konstruieren, der die Bevölkerung perfekt auf die Anerkennung des Staates abstimmt. „Die Anordnungen des Staates setzen sich nur deshalb mit solch machtvoller Selbstverständlichkeit durch, weil der Staat die kognitiven Strukturen durchgesetzt hat, nach denen er wahrgenommen wird." Die Akzeptanz staatlicher Macht ist aufgrund symbolischer, auch losgekoppelt von der körperlichen, brutalen Gewalt möglich, wie man sie vor allem (aber nicht nur) aus Diktaturen kennt. Hier findet sich natürlich die klassische linke Kritik wieder, wonach Herrschaft auch als Ideologie in die Sichtweisen von Menschen eindringen muss, um diese ‚ruhig zu halten'.

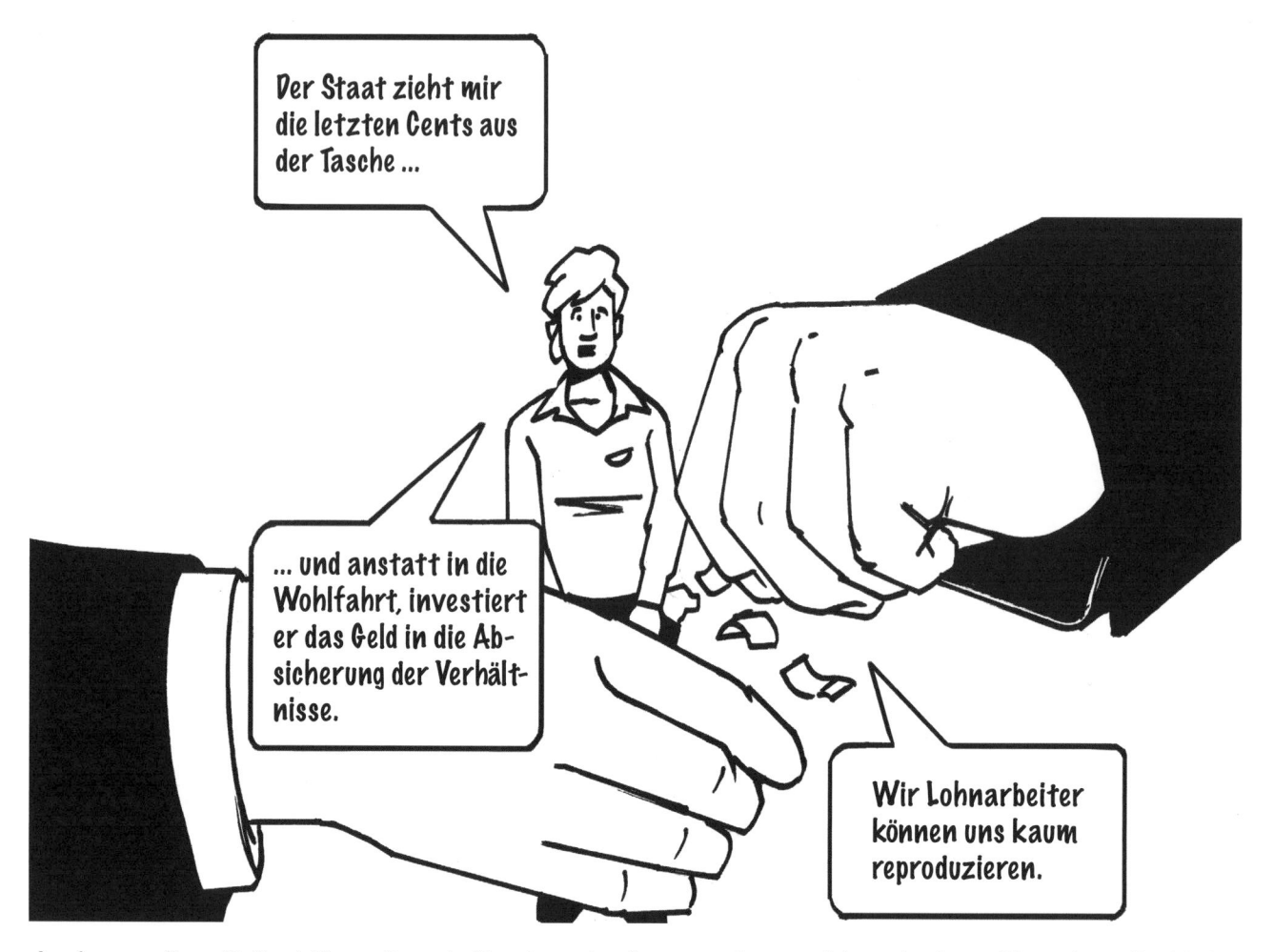

> Der Staat zieht mir die letzten Cents aus der Tasche ...
>
> ... und anstatt in die Wohlfahrt, investiert er das Geld in die Absicherung der Verhältnisse.
>
> Wir Lohnarbeiter können uns kaum reproduzieren.

Andererseits plädiert Bourdieu dafür, dass in der gegebenen historischen Situation die Linke in vielen Punkten paradoxerweise für einen stärkeren Staat eintreten und politische Akteure auf ihre soziale Verantwortung aufmerksam machen müsse. Kritisch merkt er an, dass der Staat unzählige Gelder ausgebe, um soziale Kontrollen und Zwänge durchzusetzen (Überwachung, Aufrüstung der Polizei, Bürokratisierung), sich aber zugleich bei Wohlfahrt und sozialer Absicherung zurückziehe und ehemals öffentliche Bereiche (Wohnungsbau, Medien, Bildung, Krankenhäuser) der Privatisierung anheimfallen lasse: „Die linke Hand des Staates hat das Gefühl, daß die rechte Hand nicht mehr weiß oder nicht wissen will, was die linke Hand tut."

Politische Plattformen

Kinder, kennt Ihr noch weitere Naturgesetzte?

NATURGESETZE
- Schwerkraft
- Neoliberalismus

Frau Thatcher, ich hätte da einen kleinen Einwand!

Mehr und mehr arbeitet Bourdieu daran, ein europaweites Netzwerk von Wissenschaftlern und Künstlern zu etablieren, um Beziehungen zur Protestbewegung zu finden und dieser wissenschaftliche Forschungsergebnisse im politischen Kampf zu bieten, von Theorien bis zu statistischen Daten. Es geht um Gegenmacht: Die privilegierte Position der Verfechter des Neoliberalismus sichert diesen viele Möglichkeiten, über welche die kritische Masse oftmals nicht verfügt. Hier spielen die Medien und die akademische Elite eine Rolle. Letztere liefern Daten und Wissen, erstere den Raum, um die neoliberale Ideologie zu verbreiten. Daher sieht Bourdieu für die Zusammenarbeit kritischer Intellektueller die Notwendigkeit, eigene Räume, Plattformen und solidarische Netzwerke aufzubauen. Es gilt, gegen die Ideologie anzukämpfen und auf Fehldarstellungen und einseitige Erklärungen aufmerksam zu machen, die in der Öffentlichkeit kursieren, um Neoliberalisierung zu rechtfertigen. In diesen Jahren reist Bourdieu kreuz und quer durch Europa zu allen möglichen Konferenzen, Protesten und Diskussionen. Er spricht mit Gewerkschaftern und Studenten, beantwortet Anfragen und taucht bei Podiumsgesprächen auf. Die Zeitschriften *liber* und *Raison d'agir* bieten Intellektuellen eine Plattform, um der Öffentlichkeit kritische Stellungnahmen zugänglich zu machen.

Exkurs: Loïc Wacquant (1960)

Der Schüler Bourdieus zeigt sich seit langem bemüht, das Bourdieusche Denken in den USA bekannt zu machen. Mit seinem Lehrer teilt Wacquant den Anspruch, Soziologie und Kritik miteinander zu verbinden. Bekannt ist sein Buch über die Boxszene in amerikanischen Ghettos, wo Wacquant („Busy Louie") auch selbst in den Ring stieg. Besondere Aufmerksamkeit schenken seine Schriften der Diskriminierung Schwarzer in den USA sowie dem Gefängnissystem. Heute ist er an der renomierten University of California, Berkeley tätig. Bücher in Deutsch: *Leben für den Ring*; *Elend hinter Gittern*; *Bestrafen der Armen*; *Das Janusgesicht des Ghettos*; mit Bourdieu zusammen: *Reflexive Anthropologie*.

Die männliche Herrschaft

> Wenn die Beherrschten auf das, was sie beherrscht, Schemata anwenden, die das Produkt der Herrschaft sind, oder wenn ihre Gedanken und ihre Wahrnehmungen den Strukturen der Herrschaftsbeziehung, die ihnen aufgezwungen ist, konform strukturiert sind, dann sind die Erkenntnisakte unvermeidlich Akte der Anerkennung, der Unterwerfung.

Das Werk *Die männliche Herrschaft* (1998) setzt sich mit unterschwelligen Formen der Unterdrückung von Frauen auseinander. Bourdieu ist sich durchaus bewusst, dass die statistischen Zahlen zu körperlicher und sexueller Gewalt im Haushalt noch immer erschreckend sind; dennoch geht es ihm primär um die „unsichtbaren" Formen **symbolischer Gewalt**, welche die männliche Herrschaft legitimieren.

> Das Geschlechterverhältnis zwischen Männern und Frauen ist ein Musterbeispiel dafür, wie symbolische Gewalt funktioniert.

Das Geschlechterverhältnis zwischen Männern und Frauen ist für Bourdieu das Beispiel par excellence, um zu zeigen, wie symbolische Macht funktioniert und wie Klassifikations- und Ordnungsprinzipien sich dermaßen durchsetzen, dass Beherrschte die sozialen Strukturen als selbstverständlich wahrnehmen und (in dicken Anführungszeichen!) zu „Komplizen" der Unterwerfung werden. Bourdieu spricht von einer Paradoxie der *doxa*, davon dass sich „[...] die bestehende Ordnung mit ihren Herrschaftsverhältnissen, ihren Rechten und Bevorzugungen, ihren Privilegien und Ungerechtigkeiten, von einigen historischen Zufällen abgesehen, letzten Endes mit solcher Mühelosigkeit erhält und daß die unerträglichsten Lebensbedingungen so häufig als akzeptabel und sogar natürlich erscheinen können."

Die männliche Herrschaft

Bourdieu geht (ähnlich postmoderner Gendertheorien) davon aus, dass die Zweigeschlechtlichkeit ein kulturelles Konstrukt ist, wobei Männliches und Weibliches sich binär zueinander konstituieren. Dabei ist es erst einmal schwierig, über transhistorische Invarianten der Geschlechterverhältnisse zu sprechen, ohne selber auf ein Konzept des „ewig Weiblichen" hereinzufallen. Zu Beginn greift Bourdieu auf seine Schriften zur Kabylei zurück, um die dortige soziale Ordnung als „vergrößertes Bild" der männlichen Dominanz zu veranschaulichen: Wie schon früher erwähnt, zeigt sich bei den Kabylen die geschlechtliche Ordnung in einer wahren Kosmologie, in der Architektur der Häuser (analog zu männlich/weiblich: innen/außen; oben/unten; hell/dunkel); in den Rhythmen des Jahreszyklus, welche sich auch in der Arbeitsteilung zwischen Männern und Frauen niederschlägt, sowie in der Körperhaltung (Männer gehen aufrecht und blicken ihrem Gegenüber ins Gesicht, Frauen müssen den Blick gesenkt halten).

> Wenn ich groß bin, werde ich Mama, Tierarzt oder Krankenschwester.

> Ich werde später mal Rennfahrer oder Pirat!

Die (scheinbar) eindeutige Differenz zwischen Männern und Frauen in der Anatomie wird genutzt, um kulturell produzierte Unterschiede in „natürliche" Unterschiede zu überführen. Dabei spielen Kirche, Staat, Familie und das Bildungswesen eine wichtige Rolle. In der Familie wird früh darauf geachtet, dass Jungen keine „weiblichen" und Mädchen keine „männlichen" Interessen entwickeln. In der Schule gelten Empfehlungen für technische Berufe vor allem den Jungen, während Mädchen in die künstlerischen Bereiche gedrängt werden. In der Berufswelt werden kurzerhand Bezeichnungen neu benutzt (Sekretär/Stenotypistin), um angebliche Qualifikationsunterschiede als Grundlage für unterschiedliche Löhne zu nutzen. Moralische Erwartungen an die Frau drücken sich in der Domestizierung des Körpers aus: Gerader Rücken, ein Vermeiden des Spreizens der Beine, Einziehen des Bauches: „Als ob die Weiblichkeit in der Kunst bestünde, sich klein zu machen!" Dies alles muss nicht reflektiert verlaufen, sondern basiert auf Ordnungsmustern, deren Geschichtlichkeit vergessen und ins kollektive Unbewusste eingedrungen sind.

Die männliche Herrschaft

Interessant ist, dass laut Bourdieu sowohl Herrschende als auch Beherrschte Opfer dieser Unterteilungsprinzipien sind: So leiden auch Männer unter den Pflichten, die ihnen zugeordnet werden (keine Schwäche zeigen, am Krieg teilnehmen, die Verantwortung für die Familie übernehmen ...). Dennoch haben Männer in Analogie zum Theater in der Regel die „bessere Rolle": Sie verspricht mehr Prestige, ist jedoch auch an hohe Erwartungen gebunden. Dieses relationale Verhältnis bestehe bis heute. Egal, welche Erfolge Frauen in Bildung und Beruf zu verzeichnen haben, letztlich ist Männern statistisch öfter die höhere Position vorbehalten.

Die Anerkennung der Hierarchien zeigt sich in allen Bereichen: So neigen Frauen dazu, überlegene Männer zu suchen; ein Scheitern im Berufsleben des Gatten führt zum eigenen Gefühl der Herabsetzung. Das anerkennende Streicheln des Ehemannes, wenn die Frau gut gekocht hat, ist Lob und Rollenzuweisung zugleich. Stellt eine Ehefrau in einer Gesprächsrunde eine schlaue Frage, so wird wie selbstverständlich dem Gatten die schlaue Antwort geliefert. Frauen müssen um das Wahrgenommenwerden kämpfen. Im Fernsehen ist es Aufgabe der Frau, gut auszusehen, um den Mann an der Seite aufzuwerten. Als vom männlichen Blick wahrgenommen kann der Wunsch, diesem Blick zu entsprechen, sogar „Aktivität" statt „Passivität" suggerieren. Wird der Druck zu hoch, kann ein Danebenbenehmen allzu leicht als „hysterisch" klassifiziert werden, ansonsten bleibt noch die Flucht in die Koketterie oder die bemutternde Rolle.
Indem Bourdieu die Macht der symbolischen Gewalt über die Habitustheorie versteht, wendet er sich gegen den Intellektualismus, wonach reine Bewusstwerdung schon zur Veränderung führt. Symbolische Gewalt ist mehr als nur eine „rein geistige" Gewalt. Sie ist zwingend, weil sie wie Magie auf sanfte, unterschwellige Weise funktioniert. Laut Bourdieu müssen die objektiven Verhältnisse selbst transformiert werden, um nicht nur Teilerfolge in der Emanzipation zu erzielen.

Die männliche Herrschaft

Bourdieus Buch ist (übrigens auch außerhalb des akademischen Raumes) auf hohe Resonanz gestoßen. Allerdings auch auf Ablehnung. Allem voran habe er viele Erkenntnisse der jüngeren Frauen- und Geschlechterforschung ignoriert. Daneben gab es den Vorwurf, Bourdieus Ansatz laufe auf eine Schuldzuweisung hinaus, wenn er argumentiert, dass Frauen selber zur Akzeptanz der Verhältnisse neigen. Andererseits nahmen genau dies einige Wissenschaftlerinnen dankbar auf, da hier Wege eröffnet werden, wesentlich komplexere Herrschaftsverhältnisse in den Blick zu kriegen.

Es muss noch einmal betont werden, dass Bourdieus These zur Anerkennung der materiellen und symbolischen Ordnung, der die Beherrschten unterliegen, nichts gemein hat mit irgendwelchem eingefleischten ‚Machogehabe', wonach ‚Frauen sich gerne sagen ließen, wo's lang geht'. Bourdieus Soziologie will letztlich zeigen, dass sich Verhältnisse (auch Herrschaftsverhältnisse) eben als selbstevident durchsetzen können, weil sie auf im Habitus angelegte (kollektive und historisch gewachsene) Strukturierungsprinzipien zurückgreifen. Ähnliches gilt auch für Klassenverhältnisse, wenn der Arbeiter der ‚hohen Kultur' mit dem Gefühl von Scham und Unwürdigkeit begegnet. Auch der geschlechtliche Habitus ist nicht frei von der Gefahr, zum „Komplizen" der Verhältnisse zu werden; oder wie die Bourdieu-Expertin Beate Krais schreibt: „Wer jemals Frauen in fröhlicher Männerrunde über Zoten hat mitlachen sehen, weiß, was diese Inkorporation der herrschenden Sichtweise bedeutet: Man trägt immer auch in sich, was einen angreift, herabwürdigt oder sogar zerstört."

Ein Anti-Biograf

Gegen Ende seines Lebens hatte Bourdieu im akademischen, journalistischen und politischen Raum ein nicht geringes Maß an Ablehnung hervorgerufen. Der ständige Drang, gesellschaftliche Machtverhältnisse zu „entzaubern", führte zu Ressentiments, die Bourdieu als Anzeichen dafür sah, dass seine Forschungen immer wieder einen Nerv getroffen haben mussten. Hierin vergleicht er soziologische Aufklärung mit den schmerzhaften Heilungsprozessen in der Psychoanalyse.

> Die Soziologie ist ein höchst machtvolles Instrument der Selbstanalyse, die es einem ermöglicht, besser zu verstehen, was man ist, indem es einen die sozialen Bedingungen, die einen zu dem gemacht haben, was man ist, sowie die Stellung begreifen lässt, die man innerhalb der sozialen Welt innehat.

> So gesehen, hat die soziologische Analyse auch eine therapeutische Funktion.

Doch ganz so unberührt blieb Bourdieu nicht. Eine seiner zu Lebzeiten letzte Veröffentlichungen erschien vorerst in Übersetzung nur in Deutschland: *Ein soziologischer Selbstversuch*. Was Bourdieu hier leistet, lässt sich als eine Art Anti-Autobiographie verstehen. In dem Buch *Praktische Vernunft* setzt sich Bourdieu kritisch mit dem Biographiebegriff auseinander, der in unserem Kulturkreis mit der Vorstellung verbunden ist, dass das Leben eines Individuums einen erzählbaren Sinn haben müsse und aufeinanderfolgende Abschnitte einen roten Faden bildeten. Hierzu gehört auch die Vorstellung, Entwicklungen der Biographie ließen sich auf individuelle Entscheidungen zurückführen. Bourdieus *Selbstversuch* bricht mit dieser modernen, westlichen Vorstellung. Das Buch, eine Verschriftlichung der letzten Vorlesung am *Collège de France*, ist nicht chronologisch aufgebaut. Ebenso wird die subjektive Situation Bourdieus stets objektiviert, werden ‚persönliche Entscheidungen' und Entwicklungen in Kontexte verortet und die Wirkungen thematisiert, die Personen und historische Zusammenhänge auf ihn ausüben. Stellungnahmen und Selbstpositionierungen werden über all die (un-)bewussten Prozesse der Abgrenzung gegenüber dem bäuerlichen Umfeld in seiner Heimat, den Marxisten der 50er und 60er Jahren oder den selbstverliebten Intellektuellen erklärt.

Vorbereitungen auf einen Nachlass

Im Jahr 2000 versuchen Freunde Bourdieu davon zu überzeugen, eine Stiftung zu gründen. Bourdieu, dem das Bild des exponierten und selbstverliebten Intellektuellen immer zuwider war, lehnt ab. Erst kurz vor seinem Tod, am 23. Januar 2002 (nach Verfassen des *Selbstversuches*), erfährt er, dass er unheilbar krank ist und zeigt sich in der Folge einer Stiftungsgründung gegenüber offen. Es ging nun darum, für all die Personen, mit denen Bourdieu im Laufe der Zeit zusammengearbeitet hatte, einen gemeinsamen Rahmen zu schaffen.

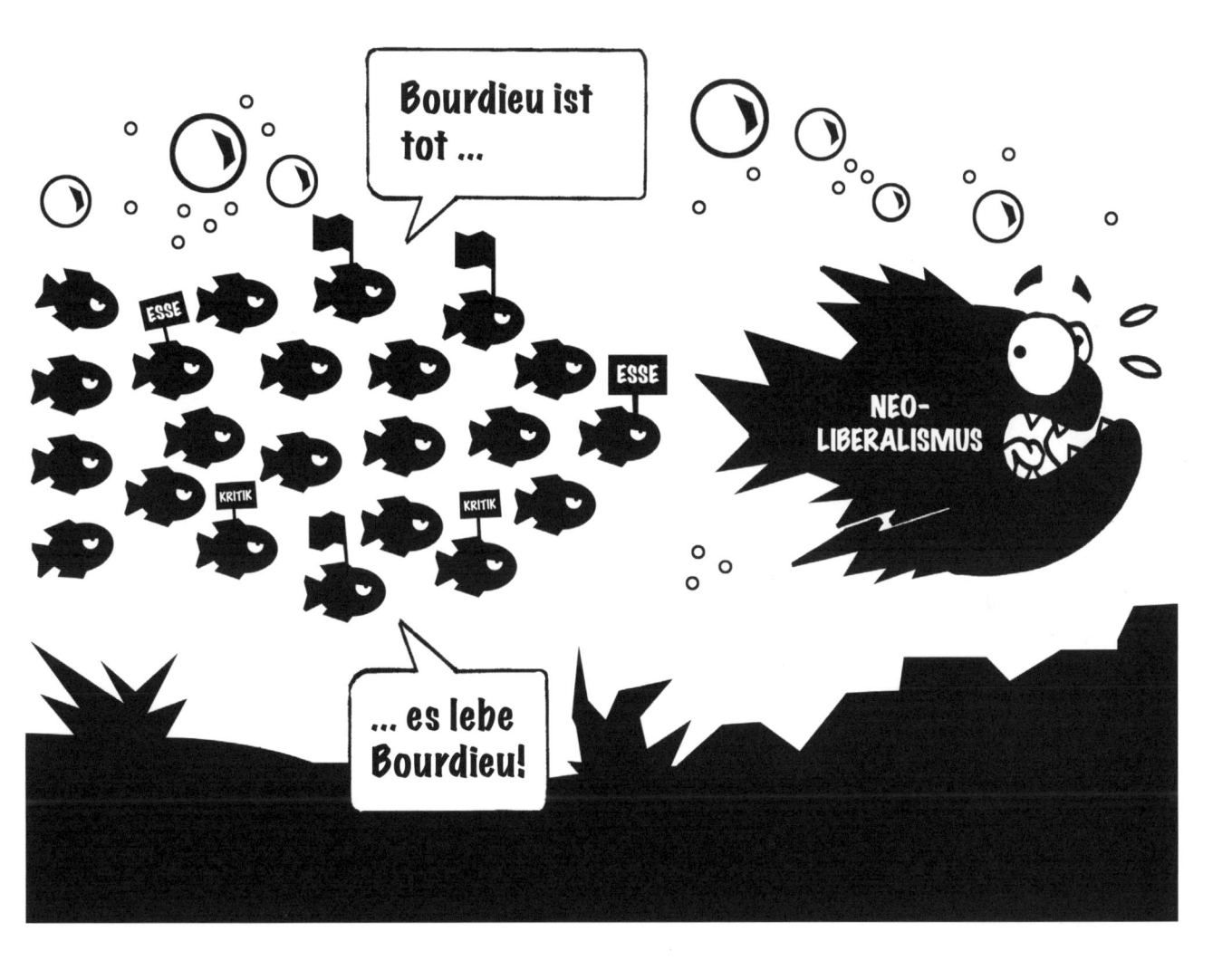

Dem Stiftungs-Konzept nach sollen Personen aus dem französischen und internationalen Raum miteinander in Beziehung gesetzt und deren Beziehungen genutzt werden, um die Idee des „kollektiven Intellektuellen" auch nach Bourdieus Tod am Leben zu erhalten. Unter anderem wurde das Netzwerk *Pour un espace des sciences sociales européen (ESSE)* gegründet. Ziel war die Gründung eines europaweiten Netzwerkes kritischer Wissenschaftler, die Überwindung nationaler Grenzen und die Verknüpfung verschiedener wissenschaftlicher Traditionen. Dies sollte auch dazu beitragen, einen regelmäßigen Austausch zu aktuellen Forschungen zu gewährleisten, sowie Forscher und Künstler in ein kritisches Netzwerk im Sinne eines solidarischen Internationalismus im Widerstand gegen neoliberale Denkweisen miteinzubeziehen. Diese Punkte gehören zu den zentralen Ideen der *Fondation Bourdieu*, die seit 2009 ihren Sitz in St. Gallen hat.

Wirkung und Kritik

Es ist schon schwierig genug, Bourdieus vielfältiges Werk adäquat zu beschreiben, und es ist noch schwieriger, eine angemessene Auseinandersetzung mit der kritischen Reflexion seiner Arbeit innerhalb der Soziologie zu liefern. An dieser Stelle kann lediglich ein mehr oder minder summarisches Resümee der Kritik und positiver Aufnahmen bourdieuscher Theorie geliefert werden, wobei wir uns auf den französischen und deutschen Raum konzentriert haben.

Wie erwähnt, hatte Bourdieu im Laufe seines Lebens eine gehörige Portion Ressentiment auf sich gezogen, wobei dies nicht selten in Polemik und unwissenschaftliche Angriffe mündete. Wegen seines politischen Engagements wurde er als „Mini-Sartre" bezeichnet, seiner Kritik am Neoliberalismus wurde gar platter Antiamerikanismus vorgeworfen. Ebenfalls scharf angegangen wurde Bourdieu wegen seiner keineswegs zurückhaltenden Kritik an anderen geisteswissenschaftlichen Disziplinen. Hier vermutete man hinter seinen soziologischen Ansprüchen szientistischen Imperialismus. Ein wenig erinnert dies an Bourdieus Vorbild Émile Durkheim, der zu Beginn der Institutionalisierung der Soziologie ebenfalls Angriffe gegen Historiker, Rechtswissenschaftler, Philosophen und Psychologen verübte, um der Soziologie eine Vorreiterrolle in der modernen Geisteswissenschaft zu bescheren. In Bourdieus jungen Jahren war die Soziologie wieder zu einer Außenwissenschaft herabgesunken.

> Mir ist schon klar, dass Sie meine Studie kritisieren. Sie MÜSSEN sie sogar kritisieren. Das ist Ihre Strategie, mit der Verletzung zurecht zu kommen, die meine Erkenntnisse bei Ihnen verursacht haben.

> Logisch, dass Sie mir eine „Immunisierungsstrategie" vorwerfen. Aber ist nicht das genau wiederum IHRE Immunisierungsstrategie?

> Ach, mir mit der Immunisierungsthese eine Immunisierungsstrateige vorzuwerfen, ist ja nur eine ganz besonders pfiffige Immunisierungsstrategie ihrerseits.

> Herr Bourdieu, wir drehen uns im Kreis ...

Ein anderer Punkt betrifft Bourdieus „Immunisierungsstrategien": Wenn anderen Wissenschaftlern oder sonstigen Lesern Ergebnisse seiner Studien nicht gefielen, dann sei dies laut Bourdieu lediglich Ausdruck eines Verdrängungsvorganges. Da die Soziologie Wunden aufreiße, reagieren Menschen oftmals automatisch ablehnend, wie man es auch aus der Psychoanalyse kenne. Diese These kann natürlich recht willkürlich eingesetzt werden, um Kritiker zurückzuweisen.

Wirkung und Kritik

Heftig gestaltete sich die Auseinandersetzung mit Jeannine Verdès-Ledoux, die (ehemals selbst Mitarbeiterin an Bourdieus Zeitschrift *Actes de la recherche en sciences sociales*) zum *Elend der Welt* schreibt, Bourdieu unterstelle den Interviewten gegenüber dem Soziologen ein Gefühl von Scham oder Unterwürfigkeit, ohne dies zu begründen. Das überschneidet sich zum Teil auch mit der Kritik, Bourdieu glorifiziere die Soziologie, indem er behauptet, der Soziologe habe einen wissenschaftlich trainierten Blick, der Dinge am Feld und im Habitus erkennen könne, die vom „Alltagsmenschen" nicht gesehen werden. In dieser Perspektive finde sich nun bei Bourdieu eine gewisse paradoxe Herablassung den ‚Normalbürgern' gegenüber, denen er doch immer ohne akademischen Hochmut begegnen wollte. Doch gingen nicht alle Kritiker soweit, Bourdieu hier „soziologischen Terrorismus" vorzuwerfen, wie Verdès-Ledoux es tat.

STUDIEREN SIE 15 SEMESTER SOZIOLOGIE UND ERHALTEN SIE DIESE BESONDERS SCHÖNE SOZIOLOGEN-BRILLE GRATIS DAZU.

NEU!

GARANTIERT GRATIS UND VERSANDKOSTENFREI

SEHEN, WAS DEM ALLTAGSMENSCHEN VERBORGEN BLEIBT.

Inhaltlicher gestaltete sich die Auseinandersetzung mit dem Habitus- und dem Feldbegriff. Kurz gesagt ist der gängige Vorwurf, Bourdieus Soziologie sei trotz des Anspruches, zwischen Objektivismus und Subjektivismus zu vermitteln, letztlich im Objektivismus hängen geblieben. Kreativität und Freiheitsräume spielen kaum eine Rolle und ignorieren aktuelle Subjekttheorien. Die Kritik ist hier ein wenig zweischneidig: Einerseits ließe sich zurecht sagen, dass sie an Bourdieu vorbeigeht, da Bourdieu selber im Habitus nur ein generierendes Prinzip von Praxis neben anderen sieht. Andererseits ist es durchaus sinnhaft zu fragen, ob Bourdieus Annahme, unser Handeln sei zu 75 Prozent automatisch und unbewusst, nicht doch bestimmte Aspekte von Reflexivität und Kreativität herunterspielt.
Zudem sei die These von der Abstimmung zwischen objektiven und subjektiven Strukturen, zwischen Feld und Habitus, überholt und führe dazu, Biographien und Berufslaufbahnen in der zeitgenössischen Gesellschaft zu deterministisch zu betrachten.

Wirkung und Kritik

Die letztgenannten Ansätze nahmen vor allem drei zeitgenössische Soziologen in Frankreich zum Anlass, um über Bourdieu hinauszugehen. Als erstes ist Jean-Claude Kaufmann zu nennen, der lieber von Gewohnheit (habitude) als von Habitus spricht, da er diesen Begriff weniger deterministisch findet. Kaufmanns eigene Studien haben einen feinen, detaillierten Blick auf Alltagsphänomene: Seine Schriften zum Eheleben, zu One-Night-Stands (*Der Morgen danach*) oder zu FKK-Stränden (*Frauenkörper – Männerblicke*) sind auch aufgrund einer angenehmen Lesbarkeit auf eine breite Rezeption in Frankreich gestoßen. Moniert wird hingegen, dass es seiner mikrosoziologischen Perspektive daran fehle, Handeln adäquat in soziale Verhältnisse zu kontextualisieren.

Jean-Claude Kaufmann

> Früher wurde das Handeln des Einzelnen gesellschaftlich strukturiert und in Gang gesetzt. Der Bruch der Moderne erlegt es dem Individuum auf, seine eigene Identität selbst zu definieren. Gleichzeitig verlangt er von ihm, eine Vielzahl von praktischen Wahlen zu treffen und nachzudenken, bevor es handelt.

Bernard Lahire

Ein weiterer Kritiker ist der ehemalige Bourdieu-Schüler Bernard Lahire, der in Deutschland noch nicht angekommen ist. Sein Buch *L'homme pluriel* („Der plurale Mensch"), das in Frankreich als einer der avanciertesten Versuche aufgenommen wurde, sich von Bourdieu zu distanzieren, harrt noch einer Übersetzung. Lahire gehört zur Gruppe derjenigen, die sich weder für die totale Glorifizierung noch für eine rigorose Verdammung Bourdieus entscheiden wollen. Bourdieus Bedeutung für die moderne Soziologie zu leugnen, hält Lahire für absolut fahrlässig. Sein Haupteinwand dem alten Lehrer gegenüber lautet, dass Menschen heute in zu vielen Feldern agierten, um von einem eindimensionalen Habitusmodell ausgehen zu können. Selbst Familien repräsentieren heute zum Zeitpunkt der Primärsozialisation verschiedene moralische Wertsphären und Sichtweisen, vom „analphabetischen Vater über die studierende Tochter hin zu Geschwistern, die an der Schule Erfolg haben oder scheitern".

Wirkung und Kritik

Eine ähnlich ambivalente Haltung zu Bourdieu nimmt der auch in Deutschland bekannte Soziologe Luc Boltanski ein, ebenfalls ein ehemaliger Schüler Bourdieus. Einen Namen gemacht hat er sich mit den Büchern über die französischen *Führungskräfte* (*Les cadres*), *Über die Rechtfertigung* und *Der neue Geist des Kapitalismus*. Letzteres ist vom Titel nicht zufällig ein Verweis auf die Protestantismusstudie von Max Weber: Es geht um die kulturellen Aspekte des Neoliberalismus. Boltanski und seine Kollegin Ève Thévenot zeichnen nach, wie in modernen Managementdiskursen linke Kritik aufgenommen wird, um in der modernen Arbeitswelt eben dieser Kritik den Wind aus den Segeln zu nehmen.

BELL WUFF

Luc Boltanski

Gut gebellt, mein lieber Bruno. Aber Du kämpfst gegen Windmühlen: Deine Kritik gilt einer Karikatur von Bourdieu, nicht dem, was er wirklich gesagt hat.

Aspekte der Entfremdung, der Ausbeutung, der Hierarchien werden produktiv im Diskurs gewandelt: Die heutige Arbeitswelt wird als Abenteuerland begriffen, in dem die Menschen sich (anscheinend) frei und selbstbestimmt auf ein flexibles und mobiles Dasein ‚freuen dürfen', das Leben wird zum ständigen Projekt. Kaschiert wird dabei, dass soziale Akteure immer mehr auf ihre individuelle *employabilty* zurückgeworfen werden, während gleichzeitig Sozialstaat und kollektive Sicherheitssysteme sukzessive an Wirkkraft einbüßen. Boltanski steht hiermit wie Bourdieu in der Tradition kritischer Soziologie, ebenfalls bezieht er sich auf strukturalistische Ansätze. Distanziert ist er insofern, als er in seiner Studie zu den *Führungskräften* Praxisformen erkennt, die zu vielseitig sind, um sie an objektive Strukturen rückzubinden. Seine Schriften zum „Rechtfertigungsimperativ" fordern, das Wissen und Argumentationsstrategien von Akteuren wieder ernst zu nehmen, die in der heutigen Welt in pluralen Perspektiven zur Reflexion gezwungen werden.

Eng befreundet, wenn auch teils in respektvoller wissenschaftlicher Abgrenzung, ist Boltanski mit Bruno Latour, einem der Protagonisten der Akteur-Netzwerk-Theorie (ANT). Latour gehört heute zu den heftigsten Kritikern Bourdieus, wobei dessen Ton sich recht hart gestaltet und zum Teil eher eine Karikatur bourdieuscher Theorie angebellt wird als das tatsächlich existierende Werk. Mit anderen ehemaligen Bourdieuanhängern gründete Boltanski die *Groupe de sociologie politique et morale* (GSPM), deren übrige Mitglieder ebenfalls den Anspruch hatten, Bourdieu nicht einfach ‚abzuwatschen', sondern mit Respekt gegenüber dem Lehrer auch neue Wege zu gehen.

Wirkung und Kritik

Abschließend sei noch auf die von Allain Caillé und Gérald Berthoud formierte Gruppe *Mouvement Anti-Utilitariste dans les Sciences Sociales* aufmerksam gemacht, die den Namen (kurz M.A.U.S.S.) mit Bedacht und Verweis auf Marcel Mauss gewählt hat. Caillé und seine Gruppe nehmen die Diskussion zur Gabentheorie Mauss' wieder auf, um daran anschließend Bourdieu dafür zu kritisieren, dass dessen Theorie zum symbolischen Kapital den Tausch in einen Utilitarismus zurückwerfe, hinter dem auch nur wieder ein Ökonomismus versteckt sei.

Studierende nach dem Blockseminar „Einführung in das Macht- und Herrschaftskonzept von Pierre Bourdieu".

Letzterer Gedanke ist nicht völlig abwegig, auch wenn Bourdieu selber beansprucht, mit seinen Schriften zum Tausch in der Kabylei eurozentrisch-ökonomistische Konzepte und deren utilitaristische Implikationen einer Revision zu unterziehen. Vielleicht lässt sich die Kritik der M.A.U.S.S.-Gruppe sinnhafter in die allgemeine Kritik einordnen, dass Bourdieus Soziologie viel zu häufig das soziale Miteinander auf Macht- und Herrschaftsprinzipien hin analysiere und dadurch möglicherweise sogar reduziere. In einigen kürzeren Texten werden sogar Freundschaft und Liebe dahingehend behandelt. Dies führte bei nicht wenigen Soziologen (auch begeisterten Bourdieuanhängern) dazu, Bourdieus Soziologie ab einem bestimmten Punkt doch mit einem recht niederschmetternden Pessimismus zu identifizieren, der nicht nur zu einer Ignoranz gegenüber Entscheidungs- und Reflexionsfähigkeiten von Akteuren führe, sondern zugleich auch auf die kritische Soziologie pradoxerweise lähmende Wirkungen ausübe. Schwierig bleibt hierbei natürlich festzustellen, wo die wissenschaftliche Analyse sozialer Wirklichkeit endet und wo die persönlichen Hoffnungen eines Soziologen beginnen.

Wirkung und Kritik

Viele der genannten Kritikpunkte spielen auch in der deutschen Diskussion eine Rolle, wobei darauf hingewiesen werden muss, dass Bourdieu erst relativ spät, ab den 1980er Jahren, entdeckt wurde. Die Schriften zur Reproduktion sozialer Ungleichheit im Bildungssystem hatten zuvor für etwas Aufmerksamkeit gesorgt, dann schließlich kam die Übersetzung der *Feinen Unterschiede*. Die Soziologin Steffani Engler geht davon aus, dass bis heute die Hintergründe der französischen Epistemologie in der deutschen Rezeption nicht ausreichend gewürdigt werden, weder Bourdieus antisubstantialistisches Denken noch der Anspruch der kritischen Selbstreflexion bei der Konstruktion soziolgischer Fragestellung würden ausreichend diskutiert. Erstmalig intensiver besprochen wurde Bourdieu durch den Soziologen Hans-Peter Müller. Klaus Eder trug mit *Klassenlage, Lebensstil und kulturelle Praxis* (1989) zu einem noch höheren Bekanntheitsgrad bei. In diesem Werk ist auch eine Erwiderung Bourdieus auf gängige Kritikpunkte zu finden. Ansonsten sei (mit Lücken) verwiesen auf Beate Krais, Ulf Wuggenig, Eva Barlösius, Ulrich Bauer, Martina Löw, Margareta Steinrücke und Berthold Vogel. Weitere Namen findet man in unserer Bibliographie.

> Wie kann man nur so rumlaufen?!

> Tja, hättest Du mal Deine Nase in „Die feinen Unterschiede" von Bourdieu gesteckt, wüsstest Du es vielleicht.

TENNIS 2000

Franz Schultheis gebührt als Präsident der *Fondation Bourdieu* die Ehre, auch nach Bourdieus Tod weiter für dessen eingreifende Soziologie zu stehen. Ebenfalls bedeutend ist der deutsche Elitenforscher Michael Hartmann. Unter anderem Bourdieus Schrift *Der Staatsadel* wurde von diesem aufgegriffen, um empirische Studien zum Leben der oberen Kreise in Deutschland und anderen Ländern Europas voranzutreiben. Und last but not least gilt es die Studie *Soziale Milieus im gesellschaftlichen Strukturwandel* von Michael Vester, Peter von Oertzen, Heiko Geiling, Thomas Hermann und Dagmar Müller aus dem Jahr 1993 zu erwähnen (2001 noch einmal überarbeitet veröffentlicht). Diese Studie stellt einen an Bourdieu angelehnten Großversuch dar, einen Überblick über Klassen und Lebensstile in Deutschland zu gewinnen. Dabei gelangt die Forschergruppe zu der interessanten Erkenntnis, dass sich in der heutigen, komplexen Gesellschaft, trotz aller ‚neuen Unübersichtlichkeiten', doch noch gewisse Kohärenzen wiederfinden lassen: Habitusformen sind nicht verschwunden, sie haben sich lediglich aufgefächert und lassen sich durchaus immer noch empirisch beobachten.

Ein schwieriges Erbe

Am 23. Januar 2002 erlag Bourdieu dem Krebs. Er wird im allerengsten Kreise auf dem Friedhof Père Lachaise in Paris beerdigt. Nach seinem Tod wird schnell deutlich, dass sich die Fachwelt, auch die ihm feindlich gesinnten Teile, über die hohe Bedeutung seines in vielen Punkten unabgeschlossenen Werkes sehr wohl einig war. Zeitschriften wie die *Sciences Humaines* bringen Sondernummern heraus, Artikel und Nachrufe füllen die Zeitungen. Der französische Historiker Roger Chartier meint, es sei höchst erstaunlich, dass die Öffentlichkeit dem Tode eines Intellektuellen eine derartige Aufmerksamkeit schenke.

> Professeur au Collège de France, le philosophe est décédé mercredi. Mondialement reconnue, sa sociologie critique s'accompagnait d'un engagement aux côtés des mouvements sociaux.

Le Monde — Pierre Bourdieu est mort — Chirac accélère

Dass sich hierbei auch weniger schöne Ereignisse unter die Reaktionen drängten, war zu erwarten. So verbreitete ein Artikel im *Nouvel Observateur*, in welchem Auszüge aus Bourdieus *Selbstversuch* gegen dessen Willen auf Französisch veröffentlicht wurden, schon bald nach Bourdieus Dahinscheiden allerlei effektheischende Verklärungen, nach welchen das Buch das Werk eines Todkranken sei, in welchem der zänkerische Bourdieu seinen Frieden mit der Welt machen wolle. In aller journalistischer Eile wird dabei ignoriert, dass dieser mit seinem Buch weder eine Entschuldigung für seine störende und verstörende Soziologie im Sinn hatte, noch dass Bourdieu bei Entstehung des Manuskriptes etwas von seiner Krankheit wusste.

Ein schwieriges Erbe

Trotz dieser unschönen Nachwirkungen: Bourdieus Denken hat in der Soziologie eine fruchtbare Spur hinterlassen. Schon zu Lebzeiten galt Bourdieu neben Foucault und Noam Chomsky zu den meist zitierten Intellektuellen weltweit. Neben der Anthropologie, den Kunst- und Kulturwissenschaften hat gerade die Geschichtswissenschaft viele Aspekte der bourdieuschen Theorie aufgegriffen, wenn Bourdieu hier auch teilweise recht harsche (und teils einseitige) Kritik an den Historikern leistete. In der Ethnologie gelten seine kabylischen Studien ohnehin als Klassiker, welche die strukturalistische Theorie Lévi-Strauss' ertragreich erweitert haben. Die Studie *Das Elend der Welt* wiederum wirkte auch anderweitig inspirierend: Die darin aufzufindenden Interviews wurden aufgegriffen und in dramatischer Form bearbeitet auf die Theaterbühne gebracht.

Wer Bourdieu visuell erleben möchte, dem ist der von Pierre Carles gedrehte Dokumentarfilm *Soziologie ist ein Kampfsport* zu empfehlen, der als DVD mit ausführlichem Booklet veröffentlicht ist. Daneben sei auf ein vom Fernsehsender *arte* initiiertes Gespräch zwischen Bourdieu und dem Schriftsteller Günter Grass aufmerksam gemacht, in dem sich beide über Sozialdemokratie und Neoliberalismus austauschen. (Grass hatte hier Bourdieu vorgeworfen, Soziologen seien zu humorlos, um der Welt die Stirn bieten zu können. Bourdieu erwiderte ernst, dass es in der heutigen Zeit einfach nichts zu lachen gebe. Nach dem Gespräch soll er gar den Wunsch geäußert haben, die Bänder zu zerstören.)

Ebenso nicht zu vergessen sind die immer wieder organisierten Veranstaltungen, welche die Erinnerung an Bourdieus Soziologie als kritische Soziologie lebendig halten wollen und den Anspruch erheben, Kontakt zur sozialen Bewegung zu finden. Der französische Soziologe Gérard Mauger erwähnte auf einer Bourdieu-Tagung im Jahre 2009 mit verschmitztem Lächeln, dass die Arbeit in einem Netzwerk kritischer Intellektueller noch immer funktioniere, wenn dies alles auch zu Bourdieus Lebzeiten noch wesentlich einfacher gewesen sei.

Glossar

Bildungskapital (Kulturelles Kapital, Informationskapital)
Aufgeteilt in die drei Grundformen inkorporiertes, objektiviertes und institutionalisiertes Bildungskapital. Laut Bourdieu spielt in modernen Gesellschaften nicht nur das ökonomische Kapital eine wichtige Rolle für soziale Positionen, sondern auch Bildung und Titel sind entscheidend für die Verteilung sozialer Positionen. Wissen, Titel und (Lehr-) Materialien bilden die Grundlage für die Akkumulation von Bildungskapital.

Distinktion
Soziale Unterscheidung im Sinne einer Oben/Unten-Dichotomie. Kulturell bzw. symbolisch werden Bildung, Kulturgüter und Praktiken genutzt, um sich von den Dominierten, vom Vulgären abzugrenzen.

Doxa
griechisch: Glaube; der absolute Glaube an die Richtigkeit bzw. an den Wert von Ideen und Ordnungen. Weiterhin aufgeteilt in Heterodoxie (auch Häresie oder Allodoxie) bzw. Orthodoxie, die sich bekämpfen, sobald in einem Feld verschiedene Meinungen aufeinanderprallen. Setzt sich eine der beiden Glaubensrichtungen durch, kann bei höchstmöglicher Anerkennung Heterodoxie oder Orthodoxie wieder zu reiner (widerspruchsfreier) doxa werden.

Feld, soziales (Kraftfeld, Kampffeld)
Die Theorie sozialer Felder (Feld der Kunst, der Ökonomie, der Politik, der Religion etc.) kann als bourdieusche Variante verstanden werden, die Differenzierung der sozialen Welt zu erfassen. Felder existieren und entwickeln sich aufgrund der objektiven, relationalen Position von Akteuren, die mit dem gleichen Feldsinn (illusio*) ausgestattet sind und miteinander kämpfen und konkurrieren. Positionenverteilung ergibt sich aus der Verteilung von Macht und Kapitalsorten, zugleich bestimmt die Position die objektiven Grenzen und Möglichkeiten der Akteure. Jedes Feld hat eigene Regeln und umkämpfte Güter, einige (zum Beispiel Geld) spielen in verschiedenen Feldern eine grundsätzliche Rolle, andere sind größtenteils auf ein Feld beschränkt: Der Sinn für Reliquien bspw. funktioniert im religiösen Feld; Gemäldesammlungen haben für den Kunstkenner eine andere Bedeutung als für den Fabrikbesitzer, der einfach nur Geld für eine imposante Innenausstattung ausgeben will.

Habitus
Die Schemata des Denkens, Wahrnehmens, Handelns, des Geschmacks und Bewertens sozialer Akteure. Auch „dauerhafte Dispositionen", „System von Grenzen" oder „zweite Natur" genannt. Mehr als reine Gewohnheit ist der Habitus bestimmt als eine grundsätzliche Haltung der sozialen Welt gegenüber. Strukturiert und strukturierend, differenziert und differenzierend generiert der Habitus Praktiken, ohne einem rationalen Kalkül unterworfen zu sein. Als „Hilfsbegriff" fungiert er als Eselsbrücke zwischen sozialen Verhältnissen und den Fähigkeiten, alltagslogisch zu handeln, theoretisch zwischen Obektivismus und Subjektivismus.

Glossar

Hexis
Eng verbunden mit dem Begriff des Habitus*. Dieser wird nicht nur kognitiv, sondern körperlich verstanden. Die sozialen Verhältnisse sind in die sozialen Akteure inkorporiert (einverleibt). Die klassische Trennung zwischen Körper und Geist wird überschritten, Bourdieu geht gar von einem vereinheitlichenden Nervensystem aus. Soziale Verhältnisse spiegeln sich beispielsweise in der Körperhaltung wider: Der gebeugte Rücken des Bauers, die lässige Haltung des Arbeiters, der aufrechte Körper des Adligen, das nach unten gewandte Gesicht der kabylischen Frau, der aufrechte Blick des kabylischen Mannes, der seinem Gegenüber stolz entgegentritt.

Hysteresis
Trägheitseffekt des Habitus, wenn subjektive und objektive Strukturen zu sehr auseinanderfallen. Der Habitus kann hier in Trägheit verfallen, sozialer Wandel wird geleugnet, man hält an vertrauten Denk-, Wahrnehmungs-, Bewertungs- und Handlungsschemata fest.

Illusio
Abgeleitet von ludere (=Spiel). Die Kraft des Selbstverständlichen, welche dem Sozialen bzw. sozialen Feldern inneliegt. Wird besonders deutlich für Außenstehende oder in der kritischen Reflexion am Spielsinn, bspw. wenn es zu Krisen kommt, welche das Selbstverständliche eines Feldes stören.

Praxeologie
Erkenntnistheoretische Herangehensweise Bourdieus, wie soziale Praxis soziologisch erklärt werden soll. Die Praxeologie ergibt sich aus der Gegenüberstellung objektivistischer Theorien (z.B. Makroansätze, Strukturalismus, Funktionalismus) und subjektivistischer Theorien (z.B. Mikroansätze, Pragmatismus, Phänomenologie, Interaktionismus). Dabei versucht Bourdieu, die Stärken beider Ansätze produktiv miteinander zu verbinden.

Relationales Denken vs. substantialistisches Denken
Diese Dichotomie übernimmt Bourdieu von dem Anthropologen und Philosophen Ernst Cassirer. Gemeint ist mit relationalem Denken, dass sich die kulturelle Bedeutung von Symbolen, von Dingen, von Praktiken usw. aus der Differenz und dem Abstand zu anderen Symbolen, Dingen und Praktiken ergibt. Bestimmte Sportarten, Moden, Schmuckstücke, Hobbies, Kunstwerke erscheinen im substantialistischen Denken als „für sich" elegant, ehrenvoll oder luxuriös. Das relationale Denken hingegen verweist darauf, dass diese Dinge nur dann als etwas „Besonderes" gelten können, wenn sie sich von anderen Dingen abgrenzen, die im Vergleich vulgär, einfach, primitiv wirken. Ein anderes Beispiel für substantialistisches bzw. relationales Denken zeigt sich bei der Betrachtung sozialer Unterschiede: Substantialistisches Denken, das Erklärungen im Einzelnen sieht, könnte zum Beispiel die These aufwerfen, dass jeder Mensch, der sich anstrengt, Erfolg haben und Karriere machen kann. Hat jemand keinen Erfolg, so sei dies Ausdruck eigenen Verschuldens („Der Faulpelz!"). Das relationale Denken hingegen fragt danach, welche Möglichkeiten der Einzelne in Relation zu anderen Akteuren hat: Bei 20 Vorstellungsgesprächen werden 19 Personen einen Job nicht erhalten, jedoch nicht, weil sie zu „faul" waren, sondern weil es nur diesen einen Job gab, den eben die zwanzigste Person erhielt.

Glossar

Soziale Klasse
Grundsätzlich geht Bourdieu von einer herrschenden Klasse (aufgeteilt in beherrschte und herrschende Herrschende), einer Mittelklasse (aufgeteilt in absteigendem, exekutiven und neuen Kleinbürgertum) und der Volksklasse aus. Die Rekonstruktion der Klasse mithilfe soziologischer Methode und Theorie sagt laut Bourdieu aber noch wenig über eine real existierende Klasse aus, unterschieden wird zwischen einer „Klasse auf dem Papier" und „mobilisierter Klasse".

Soziale Laufbahn (trajectoire)
Versuch, die Entwicklungen eines Akteurs von der „biographischen Illusion" (Bourdieu) der Lebensgeschichte zu befreien, wonach das Leben eine kohärente Erzählung sei, welche sich über individuelle Entscheidungen erklären ließe. Der Begriff der sozialen Laufbahn versucht stattdessen, auf individuelle und kollektive Laufbahnen aufmerksam zu machen, die sich aus der Position von sozialen Gruppen (aufgrund ähnlicher Startpositionen über die Klasse der Herkunftsfamilie, Mobilitätschancen und eigene Anstrengungen) und ihrer Relation zu anderen Gruppen erklärt.

Sozialer Raum
Wird rekonstruiert aus dem Kapitalvolumen von sozialen Akteuren und der Kapitalstruktur (Verteilung des ökonomischen und des kulturellen Kapitals). Auf Makroebene kann der Sozialraum eine Übersicht geben über die relationale Position von Berufsgruppen und deren Einkommen und Bildungstitel sowie in Ansätzen zu sozialen Laufbahnen* von Gruppen.

Sozialkapital
Bestens verdeutlicht durch den umgangssprachlichen Begriff des „Vitamin B": Beziehungen, Verwandtschaften, Mitgliedschaften und soziale Kontakte werden genutzt, um in Hierarchien soziale Positionen zu erhalten oder zu erkämpfen.

Strategie
Implizite Vernünftigkeit der Praxis, nicht gleichzusetzen mit der Alltagsvorstellung von einem stets rational durchdachten Handeln. Bourdieu geht davon aus, dass die Akteure nach Gewohnheiten, offenen oder stillschweigenden Regeln, Vorwegnahmen und Reproduktionsstrategien agieren. Dabei tun sie mehr, als nur unbewusste Regeln im Sinne des Strukturalismus nach Lévi-Strauss zu befolgen, aber weniger, als ihre Praxis wirklich grundsätzlich in die Tiefe zu reflektieren. Wie der Habitus, der als generierendes Prinzip funktioniert, sind auch die Strategien theoretisch zwischen objektivistischen und subjektivistischen Handlungskonzepten anzusiedeln.

Symbolische Gewalt (auch symbolische Macht/Herrschaft)
Die symbolische Gewalt versucht, die kognitiven Strukturen und Denkschemata so zu erhalten bzw. zu transformieren, dass die Ordnung der Dinge als legitim erscheint und Macht und Herrschaft somit von den Beherrschten gar nicht mehr als solche wahrgenommen werden: Soziale Hierarchien erscheinen „natürlich", „normal" und „ewig", Ausschluss- und Selektionsmechanismen wirken selbstevident.

Bibliographie

Am Ende dieses Comics haben die Autoren hoffentlich bei allen Leserinnen und Lesern die Lust geweckt, sich eindringlicher mit Bourdieu auseinanderzusetzen. Grundsätzlich ging es darum, Gedankengänge so weit herunterzubrechen, dass zumindest Wegweiser geboten werden, sich im Dickicht der Literatur zurechtzufinden und für Bourdieus eher sperrige Schriften und teils verschachtelte Sätze so etwas wie eine Richtung zu haben. Abschließend wollen wir weiterführende Tips zum Weiterlesen geben anhand dieser Bibliographie, die natürlich keinen Anspruch auf Vollständigkeit erheben kann (und bei der auch sehr subjektiv ausgewählt wurde).

1. Einführungen in das Denken Bourdieus (Sekundärliteratur)

Mittlerweile gibt es eine überschaubare Ansammlung von Basistexten à la „Bourdieu zur Einführung", die zum Standard der Rezeption gehören. Bei diesen Einführungen wäre es schwer, die eine gegen die andere abzuwägen, da sie sich inhaltlich relativ eng an Theoriebegriffe und Gedankengänge halten, die sich durch Bourdieus Wirken ziehen. Zu erwähnen sei Markus Schwingels Einführung, die zudem einen Überblick zum wissenschaftlich-historischen Kontext sowie zur Beziehung zu anderen französischen Intellektuellen und Theoriegebäuden (Lévi-Strauss, Sartre, Aron, dem postmodernen Paradigma) bietet und in einer leicht nachvollziehbaren Sprache verfasst ist. Letzteres gilt auch für Alexandra König und Werner Fuchs-Heinritz, deren Buch jedoch aufgrund einer höheren Unterteilung in Kapitel und Unterkapitel einen schnelleren Überblick vorlegt. Auch gibt es zusätzliche Abschnitte zu wichtigen Werken sowie Bourdieus frühen Algerienaufenthalt. Andere Einführungen stammen von Eva Barlösius, Joseph Jurt sowie Boike Rehbein. Wer mehr Geld ausgeben möchte, sei auf das Handbuch von Gerhard Fröhlich und Boike Rehbein verwiesen: Hier wird eine lückenlose Übersicht zu Einflüssen, Begriffen, Werken und Rezeption geboten. Eine leicht lesbare Einführung zum Habitusbegriff stammt von Beate Krais und Gunter Gebauer die das Thema Geschlechterverhältnisse etwas mehr in den Vordergrund stellen.

Eva Barlösius (2006): Pierre Bourdieu. Campus, Frankfurt a.M./New York
Gerhard Fröhlich/Boike Rehbein (2009): Bourdieu Handbuch. Leben – Werk – Wirkung.
  Metzler, Stuttgart/Weimar
Werner Fuchs-Heinritz/Alexandra König (2005): Pierre Bourdieu. UVK, Konstanz
Beate Krais/Gunter Gebauer (2002): Habitus. Transcript, Bielefeld
Boike Rehbein (2006): Die Soziologie Pierre Bourdieus. UVK, Konstanz
Franz Schultheis (2007). Bourdieus Wege in die Soziologie. UVK, Konstanz
Markus Schwingel (2005): Pierre Bourdieu zur Einführung. Junius, Hamburg

2. Bourdieu für Einsteiger (Primärliteratur)

Im Vergleich gibt es nur recht wenige Werke Bourdieus, die für Einsteiger leicht zu lesen sind. Hierzu zählen kleinere Bücher wie *Die männliche Herrschaft* oder *Über das Fernsehen. Das Elend der Welt* ist zwar ein ziemlicher Brocken (knapp 900 Seiten), ist jedoch in gemäßigt wissenschaftlichem Duktus verfasst und bietet sich vor allem zum Querlesen, handele es sich nun um die vorgestellten Interviews oder um soziologische Erläuterungen. Ähnliches gilt für

Bibliographie

die Texte des Bandes *Gegenfeuer*, allerdings handelt es sich hier vordergründig um politische Stellungnahmen, hinter denen zwar soziologisches Wissen steckt, aber nicht wirklich erläutert wird. Das Buch bietet somit eher einen Einblick in Bourdieus politisches Denken.
Der Verlag VSA in Hamburg hat einige Bände mit Kurztexten Bourdieus editiert, in denen (vor allem durch Interviews) vieles in einfacher Sprache präsentiert wird. Hier treten vor allem Fragen zur Reproduktion sozialer Ungleichheit im Bildungssystem hervor, aber auch überschaubare Kapitel und Erläuterungen zu den *Feinen Unterschieden* oder zu den Kapitalsorten werden geliefert. Aus dieser Reihe hervorzuheben sind *Die verborgenen Mechanismen der Macht* sowie *Wie die Kultur zum Bauern kommt*.
Ansonsten sind der Universitätsverlag Konstanz (UVK) sowie Suhrkamp dabei, längerfristig eine Werkausgabe herauszugeben. Die Bände, unterteilt nach Themengebieten (Religion, Politik, Kunst und Kultur etc.), sind mit ausgiebigen Nachworten der Herausgeber versehen, welche der Leserschaft einen Überblick zu Inhalt und Kontext des Bourdieuschen Denkens bieten.

Pierre Bourdieu (1992): Die verborgenen Mechanismen der Macht. Schriften zu Politik & Kultur 1. VSA, Hamburg
Pierre Bourdieu (1997): Das Elend der Welt. UVK, Konstanz
Pierre Bourdieu (1998): Über das Fernsehen. Suhrkamp, Frankfurt a.M.
Pierre Bourdieu (1992): Wie die Kultur zum Bauern kommt. Schriften zu Politik & Kultur 4. VSA, Hamburg
Pierre Bourdieu (2002): Ein soziologischer Selbstversuch. Suhrkamp, Frankfurt a.M.
Pierre Bourdieu (2004): Gegenfeuer. UVK, Konstanz
Pierre Bourdieu (2005): Die männliche Herrschaft. Suhrkamp, Frankfurt a.M.

3. Bourdieu für Fortgeschrittene (Primärliteratur)

Absolute Bourdieukenner kommen natürlich nicht um die *Feinen Unterschiede* herum. Einerseits gelten sie als bahnbrechende Studie (nicht nur für die französische Soziologie), andererseits werden hier grundsätzliche Überlegungen zum Habitus sowie zur kulturell wie ökonomisch bestimmten sozialen Ungleichheit auf höchstem theoretischen und empirischen Niveau präsentiert, die sich durch Bourdieus gesamtes Werk ziehen. Es sei auch erwähnt, dass die Studie mit Vorkenntnissen auch zum Querlesen geeignet ist, solange man sich daran erinnert, dass die theorielastigen Kapitel sich bei Bourdieu immer komplementär auf Empirie und Statistik bzw. Feldforschung beziehen.
Theoretische Grundwerke bleiben der *Entwurf einer Theorie der Praxis* und dessen Quasi-Neuausgabe *Sozialer Sinn*, welches sich nicht nur als gründliche Überarbeitung präsentiert, sondern auch angenehmer editiert ist. (So gibt es beim *Entwurf ...* teils seitenlange Endnoten, bei denen das Blättern recht mühselig werden kann.) Zwei weitere lesenswerte und eher Theorie-geleitete Bücher sind die *Meditationen* sowie die mit Loïc Wacquant herausgegebene *Reflexive Anthropologie*. Letztere bietet neben Aufzeichnungen aus einem Kolloquium mit us-amerikanischen Studierenden ein ausführliches Vorwort Wacquants zu Bourdieus Soziologie. Beiden Büchern kommt zugute, dass auch jahrelang geübte Kritikpunkte an Bourdieu noch einmal aufgegriffen und zu Präzisierungen geführt haben. Gerade die *Meditationen* liefern einige ‚Aha-Momente', vor allem im Hinblick auf den alten Vorwurf, Bourdieu sei zu sehr

Bibliographie

dem Objektivismus verhaftet geblieben und man habe manchmal den Eindruck, dass Akteure (mit ihren Gefühlen, Wünschen und Fähigkeiten zum kreativen Handeln) zu sehr hinter Strukturen verschwinden. Auch ist das Buch an einigen Stellen etwas persönlicher gehalten als viele andere Werke. Daneben sei noch auf die Bücher *Soziologische Fragen*, *Rede und Antwort* sowie *Praktische Vernunft* verwiesen. Insgesamt handelt es sich bei den Büchern um eine Ansammlung von Kurztexten zu verschiedenen Themen (Gabentausch, Religion, Politik, Macht und Herrschaft, Sprache, Kultur, Fragen zur soziologischen Tätigkeit und Reflexionen, Literatur und Geschichte). In *Praktische Vernunft* werden u.a. zusammenfassende Gedanken und Präzisierungen zu den *Feinen Unterschieden* geboten.

Neben den genannten Werken gibt es natürlich die einschlägigen Forschungen zu sozialen Feldern wie dem Feld der Literatur (*Die Regeln der Kunst*), zur französischen Wissenschaftslandschaft (*Homo academicus*), zur Bildungselite (*Der Staatsadel*), zur Reproduktion sozialer Ungleichheit in der Schule (*Die Illusion der Chancengleichheit*) oder zur Wohnpolitik (*Der Einzige und sein Eigenheim*). Nicht zu vergessen natürlich Bourdieus frühe Feldforschungen in Algerien (*Die zwei Gesichter der Arbeit*).

Pierre Bourdieu (1971, mit J-C Passeron): Die Illusion der Chancengleichheit. Klett, Stuttgart
Pierre Bourdieu (1976): Entwurf einer Theorie der Praxis auf der ethnoloischen Grundlage der kabylischen Gesellschaft. Suhrkamp, Frankfurt a.M.
Pierre Bourdieu (1982): Die feinen Unterschiede. Kritik der gesellschaftlichen Urteilskraft. Suhrkamp, Frankfurt a.M.
Pierre Bourdieu (1987): Sozialer Sinn. Kritik der theoretischen Vernunft. Suhrkamp, Frankfurt a.M.
Pierre Bourdieu (1988): Homo academius. Suhrkamp, Frankfurt a.M.
Pierre Bourdieu (1992): Rede und Antwort. Suhrkamp, Frankfurt a.M.
Pierre Bourdieu (1993): Soziologische Fragen. Suhrkamp, Frankfurt a.M.
Pierre Bourdieu (1996, mit Loïc Wacquant): Reflexive Anthropologie. Suhrkamp, Frankfurt a.M.
Pierre Bourdieu (1998): Praktische Vernunft. Zur Theorie des Handelns. Suhrkamp, Frankfurt a.M.
Pierre Bourdieu (1998): Der Einzige und sein Eigenheim. Schriften zu Politik & Kultur 3. VSA, Hamburg
Pierre Bourdieu (1999): Die Regeln der Kunst. Genese und Struktur des literarischen Feldes. Suhrkamp, Frankfurt a.M.
Pierre Bourdieu (2000): Die zwei Gesichter der Arbeit. UVK, Konstanz
Pierre Bourdieu (2001): Meditationen. Zur Kritik der scholatischen Vernunft. Suhrkamp, Frankfurt a.M.
Pierre Bourdieu (2004): Der Staatsadel. UVK, Konstanz.
Pierre Bourdieu (2008): Der Junggesellenball. Studien zum Niedergang der bäuerlichen Gesellschaft. UVK, Konstanz

Philosophie für Einsteiger

Von Ansgar Lorenz und Reiner Ruffing

Alle Bände ca. 96 Seiten, durchgängig bebildert, Kart. DIN A4.

ISBN 978-3-7705-5233-7

ISBN 978-3-7705-5330-3

ISBN 978-3-7705-5485-0

ISBN 978-3-7705-5507-79

ISBN 978-3-7705-5329-7

Komplexe Einführungen zu Nietzsche, Adorno, Foucault, Heidegger und Marx gibt es wie Sand am Meer. Die Reihe „Philosophie für Einsteiger" geht einen anderen Weg. Zeichnung und Text sind gleichberechtigt, was diese kurzen und äußerst unterhaltsamen Porträts besonders klar und leicht verständlich macht. Mit reichlich anekdotischem und biographischem Material ausgestattet, wird der Leser mit Leben und Denken der Philosophen vertraut gemacht.

Wilhelm Fink

Wilhelm Fink GmbH & Co. Verlags-KG | Jühenplatz 1–3 | 33098 Paderborn
Telefon: 0 52 51/127-5 | Fax: 0 52 51/127-860
E-Mail: kontakt@fink.de | Internet: www.fink.de